AF295453

Bibliografische Information der Deutschen Nationalbibliothek:

Die Deutsche Nationalbibliothek verzeichnet diese Publikation in der Deutschen Nationalbibliografie; detaillierte bibliografische Daten sind im Internet über http://dnb.d-nb.de abrufbar.

Impressum:

Copyright © 2017 Studylab

Ein Imprint der GRIN Verlag, Open Publishing GmbH

Druck und Bindung: Books on Demand GmbH, Norderstedt, Germany

Coverbild: ei8htz

Christopher Brogle

Die Bundesrepublik als Kind des Kalten Krieges

Eine Betrachtung unter fachwissenschaftlichen und fachdidaktischen Gesichtspunkten

2015

Inhaltsverzeichnis

1. Einleitung

Als Deutschland 1945 nach der bedingungslosen Kapitulation der Wehrmacht, besetzt und aufgeteilt von den Alliierten, seine Souveränität verloren hatte, waren die Siegermächte mit der Frage konfrontiert, was mit dem einstigen Aggressor zu geschehen habe. Der Wunsch, das Reich zu zerschlagen, stand Lösungsmöglichkeiten gegenüber, die mehr darauf bedacht waren erneuten Revanchismus zu verhüten. Die Gründung zweier deutscher Staaten im Jahr 1949, also nur 4 Jahre später, war dabei nicht nur ein Symbol für das Scheitern französischer Interessenpolitik. Vielmehr war dies gleichsam Folge und Ausdruck der Blockbildung zwischen den von den USA und der UdSSR angeführten Lagern. Hatten im Zweiten Weltkrieg beiden noch gegen den gemeinsamen Feind gekämpft, sahen die beiden Supermächte nun die größte Bedrohung in ihrem Gegenüber. Atomares Wettrüsten und zahlreiche Stellvertreterkriege waren der Ausdruck des neu aufkeimenden Ost-West-Konfliktes. Das an der Konfliktlinie geteilte Deutschland stand wie kein anderes Land in der Einflusssphäre des Kalten Krieges. Während sich die Bundesrepublik um Westintegration bemühte und sich durch den Marshallplan an die USA band, stand die DDR unter dem Einfluss der Sowjetunion. Durch den Mauerbau waren die beiden Staaten einer Nation in der Folge der zunehmenden Verschärfung des Ost-West-Konfliktes nicht mehr nur durch ideologische Differenzen ihrer Blöcke getrennt. Als der Mauerfall das Ende des Kalten Krieges einleitete, war wiederum Deutschland ein zentraler Schauplatz. In einigen Köpfen steht die Mauer bis heute, doch der Einfluss des Kalten Krieges wirkt nicht nur bezogen auf gesellschaftliche Differenzen zwischen Ost und West bis heute nach. In Folge der Annektierung der Krim scheinen alte Konfliktlinien aufzubrechen, eine erneute Blockbildung zwischen Ost und West droht. Von der erheblichen Milderung der Demontage nach dem zweiten Weltkrieg bis zur raschen Wiederbewaffnung der Bundesrepublik in Form der Gründung der Bundeswehr fand die Geschichte der Bundesrepublik stets im Spannungsfeld und oft im direkten Einfluss des Kalten Krieges statt. So betitelte „Der Spiegel" Westdeutschland bereits 1958 als „Kind des Kalten Krieges"(Der Spiegel 1958). Eine scheinbar naheliegende Aussage, sollte Deutschland doch bereits früh zum Musterland des Marshallplans gemacht werden(vgl. Herbst 1989, S.48). Doch stellt sich die Frage, inwiefern explizit Deutschland ein Kind des Kalten Krieges ist. Außerdem ist es von Interesse, zu überprüfen, inwieweit die These von Deutschland als Kind des Kalten Krieges tatsächlich zutrifft, inwiefern sie heute noch aktuell ist und in welchen Bereichen außer der wirtschaftlichen Ausrichtung als Folge des Marshallplans sie außerdem zutrifft. Die folgenden Ausführungen sollen zunächst eine genauere Vorstellung davon liefern, was unter dem Kalten Krieg per se zu verstehen ist, bevor überprüft werden kann, ob die Bundesrepublik Deutschland als Kind des genannten Phänomens verstanden werden kann.

Es schließt sich die Frage an, inwiefern das Themengebiet der Entstehung der Bundesrepublik im Einflussbereich des Kalten Krieges für den Unterricht geeignet ist. Die Ausführungen enden mit einem Fazit.

2. Der Kalte Krieg

Um die Frage zu beantworten, inwiefern die Bundesrepublik Deutschland ein Kind des Kalten Krieges ist, muss zunächst geklärt werden, was unter dem Kalten Krieg überhaupt zu verstehen ist. Es soll daher zunächst ein Umriss der Sachlage erfolgen, bei der neben dem grundsätzlichen Konflikt auch die unterschiedlichen Akteure vorgestellt werden. Im Anschluss wird durch die chronologische Abfolge der Ereignisse versucht, einen Gesamtzusammenhang herzustellen.

2.1 Umriss: Was ist der Kalte Krieg?

Um den Kalten Krieg genauer zu bestimmen, bietet sich zunächst eine Abgrenzung des Begriffs „Kalter Krieg" vom Begriff „Ost-West-Konflikt" an. Obwohl in der Alltagssprache hierbei in der Regel keine Unterscheidung getroffen wird, lassen sich beide Begriffe doch recht deutlich voneinander unterscheiden. Kurz gesagt, lässt sich der Kalte Krieg als Teilabschnitt des Ost-West-Konfliktes definieren, denn ein ideologischer Gegensatz zwischen Russland und den Vereinigten Staaten bestand bereits in den 1880er Jahren. Zu dieser Zeit nahm die Unterdrückung der revolutionären Bewegungen nach der Ermordung Zar Alexanders II. deutlich zu. Intensiviert wurde der Gegensatz nach der Revolution in Russland 1917, nach der die USA dem Bolschewismus die Anerkennung versagte(vgl. Stöver 2012, S.14). Die Konfrontation der Großmächte erfuhr während des Zweiten Weltkriegs eine Unterbrechung, zum Zweck einer Anti-Hitler Koalition. Doch bereits während der Bekämpfung Hitlerdeutschlands bröckelte das Bündnis und zerbrach schließlich völlig über der Frage, was mit dem besiegten Deutschland zu geschehen habe. Das Resultat war letztlich der Kalte Krieg(vgl. ebd., S.17 ff.).

2.1.1 Charakteristik des Kalten Krieges

Der Kalte Krieg führte als Teilabschnitt des Ost-Westkonfliktes die ideologischen Gegensätze zwischen den beiden Supermächten USA und UdSSR fort, intensivierte sie und stellte durch den technischen und militärischen Fortschritt eine permanente Bedrohung für den Weltfrieden dar. Die Konfrontation verschärfte sich dabei, indem die Supermächte die Welt je in zwei Lager aufzuteilen gedachten. Beide vertraten ihre jeweilige Ideologie mit globalem Anspruch(vgl. Gaddis 2008, S.19). Die USA unterschieden dabei die freie Welt von der totalitären Welt, wobei jede Nation sich entscheiden müsse, zu welchem Lager sie gehören wolle(vgl. Herbst 1989, S.35). Die Sowjetunion sah sich dagegen als antiimperialistisch-demokratisch und als Gegenpol der imperialistisch-antidemokratischen USA. Mit dieser Zwei-Lager-Theorie fand der Kalte Krieg ideologische Grundlage und Startschuss in einem(vgl. Stöver 2012, S.25). Ziel auf beiden Seiten war es, unter anderem auch durch Geheimdienstarbeit, das eigene System zu stärken und parallel dazu das andere System zu schwächen. Dazu gehörten neben Spionage auch Umsturzversuche und Attentate(vgl. ebd., S.27 ff.). Der Kalte Krieg zeichnete sich vor allem durch abwechselnde Phasen der Spannung und Entspannung aus, zwischenzeitlich dachte man gar der Kalte Krieg sei vorbei. Erst in der Retrospektive werden Umfang und Ausmaß deutlich sichtbar und es wird ermöglicht, einzelne Phasen genauer zu unterscheiden.

2.1.1.1 Atomares Wettrüsten – Die Atombombe als Friedensstifter

Ein paradoxer Grund für die Tatsache, dass der Kalte Krieg nicht zu einem heißen, militärisch geführten Krieg zwischen den USA und der Sowjetunion wurde, ist der Erkenntnis beider Seiten geschuldet, dass der Einsatz der neu entwickelten Atomwaffen schlicht nicht möglich war, ohne gleichzeitig der eigenen Bevölkerung, etwa durch den zu erwartenden Gegenangriff, massiv zu schaden. Die Atombombe stellte gerade durch ihre enorme Zerstörungskraft eine unbrauchbare Waffe dar(vgl. Gaddis 2008, S.76). Mit der ersten Generation der Atombombe hatten die USA mit den Abwürfen über Hiroshima und Nagasaki die Kapitulation Japans im Zweiten Weltkrieg erzwungen und die beiden Städte dem Erdboden gleich gemacht(vgl. ebd., S.69). Zu Beginn des Kalten Krieges befanden sich die Amerikaner in einer Monopolstellung, die der Sowjetunion erhebliche Sorge bereitete. Doch Präsident Truman war überzeugt, dass man trotz der Bombe gegen die Sowjetunion militärisch chancenlos sei und Europa ohne die Bombe bereits eingenommen worden wäre(vgl. ebd., S.75). 1949 war die Monopolstellung durch den ersten sowjetischen Atombombentest gebrochen, die USA hatten dennoch einen nicht unerheblichen Vorsprung von 74:1, den man anhand der genannten Gründe jedoch nicht zu seinem Vorteil nutzen konnte(vgl. ebd., S.76 ff.). Der verunglückte Test einer thermonuklearen Explosion, „BRAVO“, überzeugte auch Trumans Nachfolger Eisenhower von der These der Unbrauchbarkeit von Atomwaffen. Zunächst von der Idee nicht abgeneigt, Atomwaffen im äußersten Notfall einzusetzen, stellte sich im Anschluss an „BRAVO“ auch die Frage, welche Folgen die Bombardierung des Gegners mit tausenden Atombomben nach sich ziehen würde, wenn bereits eine einzige thermonukleare Explosion globale ökologische Zerstörung anrichten konnte(vgl. ebd., S.84). Charakteristisch für den Kalten Krieg ist also, dass sich trotz der permanenten gefühlten Bedrohung und des massiven Wettrüstens auf beiden

Seiten, zumindest offiziell, nie sowjetische und amerikanische Truppen direkt gegenüberstanden. Denn die Handlungsmaxime der Staatschefs beider Lager war stets durch die Erkenntnis geprägt, dass man einen Atomkrieg bedingungslos verhindern müsse. Denn es war wahrscheinlicher, dass er das zerstören würde, was eigentlich verteidigt werden sollte(vgl. ebd., S.85). So konnte bereits der Einstieg in einen konventionell geführten Krieg den Einsatz von Atomwaffen erzwungenermaßen nach sich ziehen.

2.1.2 Akteure des Kalten Krieges

In der Literatur wird die Geschichte des Kalten Krieges in der überwiegenden Mehrheit durch eine personale Sichtweise erzählt. Es biete sich daher an, neben den Charakteristika des Kalten Krieges auch die wichtigsten Personen beider Lager und ihre Grundhaltungen vorzustellen. Anhand dieser Informationen werden gewisse Ereignisse und Abschnitte des Kalten Krieges in ein klareres Licht gerückt und die Bewertung einzelner Handlungsweisen fällt durch die Charakterisierung der beteiligten Akteure wesentlich leichter.

2.1.2.1 Der Westen – Die USA und ihre Verbündeten

Im Westblock sind es vor allem die Präsidenten der USA, die federführend den Verlauf des Kalten Krieges beeinflusst haben. Neben den Staatschefs sind zwar auch stellenweise deren Mitarbeiter wichtige Akteure, an dieser Stelle sollen jedoch nur die in der Gesamtsicht wichtigsten Personen Erwähnung finden. So gilt es zu beachten, dass während des Kalten Krieges zwar alleine zehn US-Präsidenten im Amt waren, für Meilensteine und Wendepunkte jedoch in der Regel nur die im Folgenden aufgeführten Personen gesorgt haben.

2.1.2.1.1 US-Präsidenten

Harry S. Truman, der von 1945 bis 1953 Präsident der USA war, legte den Grundstein der amerikanischen Vorgehensweise im Kalten Krieg. Als Urheber der Truman-Doktrin trieb er damit die Blockbildung voran und war bis zum Ende der ersten Eskalationsphase des Kalten Krieges Staatsoberhaupt der USA(vgl. Herbst 1989, S.35 f.). Für Truman war bei aller Konfrontation die Erkenntnis handlungsleitend, dass es in Anbetracht der Zerstörungskraft der Atombombe keine rationale Möglichkeit gab, diese auch einzusetzen(vgl. Gaddis 2008, S.82). Der Nachfolger Trumans, Dwight D. Eisenhower, stand zu Beginn seiner Amtszeit dafür ein, das Tabu über dem Einsatz der Atombombe zu lockern. Die Konfrontation mit der Regierungsverantwortung und Atomwaffentests ließen Eisenhower aber letztendlich doch vor der Zerstörungskraft zurückschrecken(vgl. ebd., S.83). Seine Lösung, die totale Zerstörung durch Atomkriege zu verhindern, lag schließlich darin, zu verhindern, dass überhaupt ein Krieg stattfand(vgl. ebd., S.89). Infolgedessen war seine Amtszeit zum Großteil durch Entspannung geprägt. In der Phase mit der größten realen Bedrohung eines Atomkriegs regierte mit John F. Kennedy ein junger Präsident, dem die Öffentlichkeit das genaue Gegenteil zugetraut hatte. Entgegen seines jugendlichen Bildes in der Öffentlichkeit verbarg Kennedy hinter seiner Fassade einen kränklichen Körper, der nur mit Hilfe unzähliger Medikamente den Anforderungen an das Amt des Präsidenten gerecht werden konnte. Trotz seiner Gebrechen präsentierte sich Kennedy als starke Führungspersönlichkeit. Seiner Kalten Kriegs-Rhetorik in der Öffentlichkeit stand jedoch sein Bemühen um diplomatische Lösungen entgegen. Bis zur Lösung der Kubakriese hatte Kennedy diverse Rückschläge erlitten und nur wenig Erfolge vorzuweisen. Seine große vorausgesehene Karriere in der Politik wurde durch seine Ermordung im Jahr 1963 verhindert(vgl. Steininger 2011, S.14). Hatte sich in Folge der Kubakrise der Eindruck verfestigt, die Sowjetunion müsste im Rahmen des Kräftegleichgewichts als Gegenpol im stabilen Nicht-Frieden akzeptiert werden, beendete erst Ronald Reagan in seiner Präsidentschaft von 1981 bis 1989 diesen Glauben. Um den Kalten Krieg zu beenden müsse die Entspannung beendet werden, so Reagan. Der Kommunismus dürfe keinen Bestand haben und müsse besiegt werden(vgl. Gaddis 2008, S.270). Mit der Erhöhung der Militärausgaben nutzte Reagan die wirtschaftliche Überlegenheit des Westens schließlich aus, um die Sowjetunion zu Fall zu bringen(vgl. ebd. S.279).

2.1.2.1.2 Deutsche Bundeskanzler

Mit Konrad Adenauer war nach Kriegsende in der Rückschau der richtige Mann an der richtigen Stelle. Er dachte westeuropäisch und sah im Nationalismus die Wurzel des Übels, das über Deutschland gekommen war, beziehungsweise das Übel, das Deutschland über die Welt gebracht hatte. Die Westbindung war daher seine oberste Priorität als Bundeskanzler und vereinfachte es damit den Vereinigten Staaten, die Bundesrepublik zum Musterland des Kalten Krieges zu machen(vgl. Herbst 1989, S.24). In seiner Regierungszeit von 1949 bis 1963 lag sein politisches Engagement also vorranging in der Westbindung, die er über die Wiedervereinigung Deutschlands stellte(vgl. ebd., S.109). Willy Brandt als Vater der neuen Ostpolitik diente als Vorbild der Annäherung im Kalten Krieg(vgl. Gaddis 2008, S.193).

Mit Helmut Kohl trat in den 80er Jahren der Vater der Wiedervereinigung an die Spitze Deutschlands(vgl. ebd., S.311 f.).

2.1.2.2 Der Osten – Die Sowjetunion

Für die personale Betrachtung der Sowjetunion ist die Konzentration auf die jeweiligen Kreml-Chefs ausreichend. Die Oberhäupter der Satellitenstaaten spielten für den Verlauf des Kalten Krieges in der Regel nur durch ihr Verschwinden in Folge von Putschversuchen eine Rolle.

2.1.2.2.1 Staatsoberhäupter der UdSSR

Mit Stalin war die Politik gegenüber dem besiegten Deutschland nach Ende des Zweiten Weltkriegs geprägt von Revanchismus. Die Ausbreitung der Sowjetunion und die Kompensation der Kriegsverluste musste er in Einklang mit der benötigten Kooperation mit den USA bringen(vgl. ebd., S.24.). Seine ideologische Verblendung führte dabei nicht selten zu Fehleinschätzungen der Strahlkraft des eigenen Systems(vgl. ebd., S.35). Wenngleich Stalin ebenso wie sein Gegenüber auf die psychologische Wirkung der Atombombe setzte, war auch er daran interessiert, sie niemals einsetzen zu müssen(vgl. ebd., S.75). Sein Nachfolger, Nikita Sergejewitsch Chruschtschow, galt als grob, ungebildet und impulsiv. Wie sein Gegenüber, Eisenhower, befand er Atomwaffen als zu zerstörerisch um sie einzusetzen, was ihn nicht daran hinderte, öffentlich wirksam mit ihnen zu drohen. Chruschtschow hatte innerparteilich einen schweren Stand(vgl. ebd., S.90f.). Neben seinen Drohgebärden zeigte sich der Kremlchef aber zuweilen freundschaftlich im Umgang mit dem Feind. Seinem Ziel der „friedlichen Koexistenz“ stand dieses widersprüchliche Verhalten gegenüber, was ihm den Ruf eines unberechenbaren Zeitgenossen einbrachte(vgl. ebd., S.92). Hoffnungen auf Entspannung während des Kalten Krieges weckte Chruschtschow vor allem durch seine Abkehr vom Stalinismus und seiner harschen Kritik an seinem Vorgänger(vgl. Kempe 2011, S.31). Mit Breschnew kehrte der Stalinismus in die Sowjetunion zurück. Im Rahmen der Breschnew-Doktrin sollte die Abkehr vom Sozialismus eines Satellitenstaates notfalls mit Waffengewalt bekämpft werden(vgl. ebd., S.192). Die Stagnation, die mit Breschnew eingeleitet und von seinen greisen und kaum handlungsfähigen Nachfolgern fortgesetzt wurde, fand erst mit Michael Gorbatschow ein Ende. Mit „Glasnost“ und „Perestroika“ versuchte der Parteichef die Sowjetunion zu retten, führte sie mit der Abkehr von der Breschnew-Doktrin letztlich aber zu ihrem relativ friedlichen Ende(vgl. ebd., S.286 ff.).

2.2 Chronologie des Kalten Krieges

Um von dem komplexen Thema „Kalter Krieg" eine genauere Vorstellung zu bekommen und zu verstehen, wie die eingangs vorgestellten Akteure in Beziehung zueinander standen, sich beeinflussten oder ergänzten, liegt eine chronologische Aufarbeitung des Ablaufs des Kalten Krieges nahe. Selbstverständlich sollen jedoch nicht nur die wichtigsten Stationen des Kalten Krieges aufgezählt werden, sondern auch die Zusammenhänge stringent dargestellt werden. Aus diesem Grund ist die Einteilung des Kalten Krieges in Phasen sinnvoll. Wilfried Loth unterscheidet dabei bis 1969 fünf Phasen, an die die von US-Außenminister Kissinger deklarierte „eigentliche Entspannung" der Siebziger anschließt(vgl. Pfetsch 2012, S. 35 f.). Die letzte Phase des Kalten Krieges endet im Zerfall der Sowjetunion und damit im Ende der Konfrontation.

2.2.1 Inkubationsphase 1943 bis 1947

Wie bereits erwähnt, fielen mit dem Bruch der alliierten Koalition die Supermächte USA und UdSSR nach der erfolgreichen Besatzung Deutschlands in ihre alten Verhaltensmuster zurück. Der prägende Konflikt der Nachkriegszeit war dabei die Frage, was mit dem besiegten Deutschland geschehen sollte(vgl. Stöver 2012, 17 f.). Diese unterschiedlichen, sich widersprechenden politischen Ziele versuchten die Siegermächte zwar in Einklang zu bringen, doch scheiterten sie in der Regel daran. Aus diesem Scheitern heraus verfestigte sich nach und nach der Kalte Krieg(vgl. Gaddis 2007, S.13). So stellt sich nun die Frage, welche Ziele die beiden Supermächte mit dem kapitulierten Deutschland verfolgten. In einem weiteren Schritt werden die hierfür getroffenen Maßnahmen und die darauf folgenden Entwicklungen ausgeführt.

2.2.1.1 Die Ziele der westlichen Siegermächte nach dem Zweiten Weltkrieg

Mit höchster Priorität verfolgten die USA nach dem Zweiten Weltkrieg ihre Sicherheitsinteressen. Konkrete Ansätze zum Erreichen dieses Zieles bestanden jedoch nicht(vgl. ebd., S.27). Allerdings hatte sich der US-amerikanische Präsident Roosevelt bereits während des Krieges Gedanken über die Gestaltung der Nachkriegsordnung gemacht und kam dabei unter anderem zur Erkenntnis, dass die Mitarbeit der Verbündeten zu dieser Nachkriegsordnung zur Sicherung eines dauerhaften Friedens essentiell sei. Weiterhin müssten die Verbündeten also einer Regelung zustimmen, die die Ursachen künftiger Kriege ausschaltete. Den USA schwebte eine Organisation vor, die zur Wahrung der kollektiven Sicherheit geschaffen werden sollte. Dies sollte durch Abschreckung und Bestrafung potentieller Aggressoren geschehen(vgl. ebd., S.30). Konkrete Ansätze waren infolgedessen also das Vorhaben, die Fehler, die nach dem Ersten Weltkrieg begangen wurden, zu vermeiden und einen zweiten deutschen Revanchismus zu verhindern. Zur Verhinderung künftiger Kriege sollte ein System geschaffen werden, dass die ehemaligen Kriegsgegner in eine Abhängigkeit zueinander brachte. Was unter anderem mit der Gründung der NATO und der Montanunion seinen Lauf nahm, begann mit der Truman-Doktrin, dem Leitfaden für das weitere Vorgehen in Europa, um die genannten Ziele zu erreichen. Für die Briten galt es zunächst, das eigene Überleben zu sichern und somit überließen sie die Führung den USA. Churchills Anstrengungen bezogen sich größtenteils darauf, soviel Einfluss auf die Amerikaner auszuüben wie möglich, um die eigenen Interessen zu sichern(vgl. ebd.).

Obwohl Frankreich nicht zu den Siegermächten zu zählen ist, waren sie an der Besatzung Deutschlands beteiligt und verwalteten ihren eigenen Sektor. Die Interessenpolitik der Franzosen ist leicht zu umreißen. Es ging hauptsächlich darum, zu verhindern, dass die Deutschen jemals wieder eine Kriegsgefahr darstellen würden. Mit Zielen wie der Internationalisierung des Ruhrgebiets und die Verhinderung der Rückgewinnung der deutschen Souveränität sollte dies sichergestellt werden(vgl. Herbst 1989, 13 f.). Die Nachkriegsgeschichte um die Entstehung der Bundesrepublik ist demnach auch als Scheitern der französischen Interessenpolitik zu betrachten.

2.2.1.2 Die Ziele der Sowjetunion nach dem Zweiten Weltkrieg

Anders als Roosevelt hatte Stalin auf Seiten der Sowjetunion bereits eine klare Vorstellung wie sein primäres Ziel, ebenfalls die Wahrung der Sicherheit, erreicht werden sollte. Dazu sollten einerseits die Gebiete, die in Folge des Zweiten Weltkriegs an Deutschland verloren gegangen waren, zurück in die Einflusssphäre der Sowjetunion gelangen und andererseits die Teile Finnlands, Polens und anderer Staaten behalten werden, die sich die Sowjetunion in Folge des Hitler-Stalin-Paktes einverleibt hatte. Die Deutschen indes sollten bestraft werden. Militärische Besatzung, Enteignungen, Reparationszahlungen und die ideologische Umgestaltung des besiegten und zerbombten Deutschlands zählten zu den geplanten Maßnahmen(vgl. ebd., S.24). Einem Problem stand Stalin dabei allerdings gegenüber. Die Sowjetunion hatte während des Zweiten Weltkriegs erhebliche Verluste hinnehmen müssen und war schlichtweg nicht in der Lage, sich die durch die genannten Maßnahmen geplanten Gewinne zu sichern. Neben Frieden benötigte Stalins Sowjetunion wirtschaftliche Unterstützung und Rückendeckung von den Alliierten, um ihre Ziele zu erreichen.

Eine Kooperation mit Großbritannien und den Vereinigten Staaten war also un-
umgänglich(vgl. ebd.)

2.2.1.3 Die Blockbildung

Als Folge der unterschiedlichen Interessen der Siegermächte vollzog sich nach
und nach die Bildung zweier Blöcke, die sich offensichtlich unvereinbar gegenüber standen. Bereits bei den ersten Gipfeltreffen der Alliierten während des
Krieges und nach Kriegsende hatten sich die Differenzen der Systeme zunehmend herauskristallisiert. Zwar ging die Einteilung Deutschlands in Besatzungszonen noch einvernehmlich vonstatten, auch die Gründung der Vereinten Nationen konnte mit der Zustimmung der Sowjetunion vollzogen werden. Jedoch
zeigte sich Truman bereits auf der Potsdamer Konferenz 1945 bezüglich des
Expansionsdrangs der Sowjetunion verärgert(vgl. Stöver 2012, S.19 f.). So wurde die Blockbildung durch die Errichtung kommunistischer Regime in Osteuro-
pa geprägt. Auf Grund der vielen Konflikte zeigte sich der Kontrollrat der Alliierten unfähig, ein einheitlich verwaltetes Deutschland sicherzustellen. Aus diesem Grund entwickelten sich auch die Besatzungszonen immer weiter auseinan-
der(vgl. Herbst 1989, S.36). Ein Streitpunkt war dabei auch die Festlegung von
Reparationszahlungen, die Truman der Sowjetunion nicht im gewünschten
Ausmaß zugestehen wollte. Während der Potsdamer Konferenz wurde außerdem
der Grundstein für den militärischen Aspekt des Kalten Krieges gelegt. Die USA
konnten mit dem ersten erfolgreichen Atombombentest den Weg in ein neues
Zeitalter der allgegenwärtigen Bedrohung gehen(vgl. Stöver 2012, S.19 f.). Un-
gelöste Streitfragen auf den Konferenzen der Alliierten begünstigten die Blockbildung. Der Expansionsdrang der UdSSR inspirierte George F. Kennan, einen
Mitarbeiter des US-Außenministeriums in Moskau, zu seinem „langen Tele-
gramm". Sein Versuch, das Verhalten der Sowjetunion zu erklären, war letztendlich grundlegend für die Strategie der USA gegenüber der UdSSR im Kalten
Krieg(vgl. Gaddis 2007, S.43 f.). Seiner Einschätzung nach war die sowjetrussi-
sche Außenpolitik weiterhin und grundsätzlich als aggressiv anzusehen, das
gleichbleibende Ziel der UdSSR sei die Schwächung der westlichen Demokratie
in jeder erdenklichen Weise. Ein friedliches Miteinander sei daher unmöglich,
die Konfrontation der einzige Weg mit dem neu erklärten Feind umzugehen.
Das Resultat der Vorschläge Kennans war die Erklärung der US-amerikanischen
Containment-Politik, in der festgelegt wurde, dass die Eindämmung des sowjetischen Expansionsdrangs auch offensiv betrieben werden müsse, um erfolgreich
zu sein(vgl. Stöver 2012, S.21 ff.). Konkret bedeutete dies, die europäischen
Staaten durch umfassende Wirtschaftshilfe, geknüpft an institutionelle Struktu-

ren, an die Vereinigten Staaten zu binden und damit den westlichen Block gegenüber der UdSSR zu stärken.

In Form der Truman-Doktrin und des Marshallplans nahm diese Entwicklung ihren Lauf.

2.2.2 Eskalation der Spannung 1947-1952

Die unterschiedlichen Haltungen und Pläne zur Erreichung eines stabilen Friedens zeigen, dass man in Washington, im Gegensatz zur Sowjetunion, recht früh erkannt hatte, dass die Deutschen mit ihrem ökonomischen Potential gebraucht wurden, um den Kalten Krieg für sich entscheiden zu können(vgl. Herbst 1989, S.16). In der zweiten von Loth definierten Phase wurden die Folgen des Bruchs in der Alliierten Koalition und der Blockbildung sichtbar. Die Truman-Doktrin und dem Marshallplan sind hierfür beispielhaft. Die Gründung zweier deutscher Staaten verdeutlichte die Teilung der Welt. Mit dem Waffenstillstand im Koreakrieg, in dem sich erstmals inoffiziell sowjetische und amerikanische Truppen gegenüber standen, wurde eine Phase der Entspannung eingeleitet.

2.2.2.1 Die Truman Doktrin

In seiner Rede vor beiden Häusern des Kongresses legte US-Präsident Truman also den ideologischen Grundstein für den europäischen Wiederaufbau und die amerikanische Politik im Kalten Krieg. So müsse jede Nation zwischen den zwei alternativen Lebensformen der freien Welt oder der unterdrückten Welt wählen, die versuche, mit Terror ihren Willen durchzusetzen. Die Aufgabe der USA sei es folglich, den freien Völkern beizustehen und das unfreie System einzudämmen. Dieser Beistand bestehe vor allem aus wirtschaftlicher und finanzieller Hilfe, da sie die Grundlage für wirtschaftliche Stabilität und geordnete politische Verhältnisse bilde(vgl. Görtemaker 1990, S.58). Die Gefahr, die von der Sowjetunion und ihrem Expansionsdrang ausging, überhöhte Truman dabei wohl ganz bewusst, um den Kongress von der Idee des geplanten European Recovery Program zu überzeugen(vgl. Herbst 1989, S.35). Von der Truman-Doktrin leiteten sich in der Folge Maßnahmen wie der Marshallplan ab, die die Konfrontation der Blöcke weiter vorantrieben. Aus diesem Grund markiert die Truman-Doktrin als Startpunkt der Containment-Politik der USA gleichermaßen den Beginn des Kalten Krieges(vgl. Stöver 2012, S.23).

2.2.2.2 Der Marshallplan

Es wäre eine verkürzte Darstellung, würde man die Ursache für die Verkündung der Truman-Doktrin und den Entschluss, den europäischen Staaten Wirtschaftshilfe anzubieten, nur auf den Expansionsdrang der Sowjetunion zurückführen. Denn auf Seiten der westlichen Staaten häuften sich parallel genügend eigene Probleme an, um einen Schritt mit derartig tiefgreifenden Strukturreformen zu gehen. Denn durch die Zerstörungen des Zweiten Weltkrieges lahmte die Wirtschaft der westeuropäischen Staaten. Deutschland, mit seinem großen wirtschaftlichen Potential, konnte die zum Wiederaufbau notwendigen Güter nicht liefern, sodass der Import amerikanischer Waren an Bedeutung gewann. Das Dilemma lag in der sogenannten Dollarlücke. Demnach hatten die Europäer nämlich nicht die im vollen Umfang notwendigen Dollars, um Rohstoffe und Nahrungsmittel aus den USA zu beziehen(vgl. Herbst 1989, S.38 f.). Der Marshallplan erfüllte also gleich mehrere Zwecke. Einerseits hatte man einen Weg gefunden, die eigene und die Weltwirtschaft anzukurbeln, indem man die Dollarlücke schloss. Andererseits trug man durch die institutionelle Einbindung der europäischen Staaten zur Friedenssicherung bei. Zu guter Letzt sicherten sich die USA, durch die Miteinbeziehung der osteuropäischen Staaten und der Sowjetunion zu den möglichen Empfängerländern der Marshallplanhilfe, das moralische Übergewicht im Kalten Krieg. Denn es lag nun an Stalin, den Sowjetstaaten die Annahme US-amerikanischer Hilfsleistungen zu verweigern, um seinen Block zusammenzuhalten. Der Plan der USA ging auf, Stalin tappte in die „Marshallplan-Falle"(vgl. Gaddis 2007, S.47). Zur Umsetzung des Marshallplans wurde die „Organisation for European Economic Cooperation gegründet, aus der die heutige OECD hervorging. Zu ihren Aufgaben zählte der Abbau von Handelshemmnissen und die Liberalisierung der europäischen Wirtschaft(vgl. Herbst 1989, S.43 f.). Die Europäischen Staaten wurden auf diese Weise an das amerikanische System gebunden, indem sie ihre Systeme für den Erhalt der Marshallplangelder amerikanisierten. Um den Aspekt der Friedenssicherung nicht zu vernachlässigen, setzte sich die Erkenntnis durch, dass einerseits das deutsche Wirtschaftspotential für den Wiederaufbau benötigt würde und andererseits, dass die Deutschen ihre Souveränität nur im Rahmen der europäischen Integration zurückerhalten dürften(vgl. ebd., S.44). Durch die institutionelle Einbindung war an den Erhalt von Marshallplanhilfen somit neben Reformen auch die Abgabe von Souveränitätsrechten geknüpft. Für Deutschland bedeutete der Marshallplan zunächst eine Währungsreform. Geschah dies in den Besatzungszonen der Westmächte reibungslos, verursachte es im unter den Siegermächten noch einmal separat aufgeteilten Berlin, welches sich in der sowjetischen Besatzungszone befand, erhebliche Probleme und brachte dem Kalten Krieg seine erste kritische Phase. Die Berlinblockade bedeutete dabei zwar einen erheblichen finanziellen Aufwand, aber gleichzeitig auch einen bedeutenden psychologischen Gewinn für die USA und den Westblock. Ihr Ende markierte die Gründung zweier deutscher Staaten, die die Teilung der Welt im Kleinen symbolisierten.

2.2.2.3 Die Berlinblockade

Auf die Einführung der neuen Währung in Westberlin reagierte die Sowjetunion mit drastischen Mitteln. Zunächst wurden lediglich wirtschaftliche Maßnahmen wie die Kennzeichnung von Geldscheinen angekündigt, um zu verhindern, dass die sowjetische Besatzungszone mit wertlos gewordenem Geld überflutet würde. Der Umfang der letztlich durchgeführten Maßnahmen ging jedoch weit darüber hinaus(vgl. Nolte 1974, S.245). Tatsächlich kam der gesamte Verkehr von Ost- nach Westberlin zum Erliegen. Ohne rechtliche Grundlage sollte außerdem das gesamte Berlin in die parallel stattfinden Währungsreform des Ostsektors einbe- zogen werden. Das Ziel der Sowjetunion war also, Berlin als Ganzes in den Wirtschaftsraum der Sowjetzone einzugliedern, um damit die eigene Wirtschaft zu stabilisieren und die Gründung eines westdeutschen Staates hinauszuzö- gern(vgl. ebd.). Durch die Blockade der Zufahrtswege nach Westberlin wurden die Bewohner von der Nahrungsmittelversorgung abgeschnitten. Die Westmäch- te, angeführt von den USA, standen vor der Entscheidung, ihren Platz in Berlin zu räumen oder dort zu bleiben. Mit der Errichtung einer Luftbrücke sollte die Versorgung Westberlins gewährleistet werden und Stalins „Hungertaktik" ins Leere laufen(vgl. ebd., S.246). Die Westberliner Bevölkerung trotzte dabei den anfänglichen Schwierigkeiten, die sich im Fehlen von Kohle, Strom und Nah- rungsmitteln niederschlugen und widerstrebten in der überwiegenden Mehrheit, die Angebote im Ostsektor wahrzunehmen und sich gegen Ummeldung nach Ostberlin mit Nahrung und Heizmaterial einzudecken(vgl. ebd.). In Erinnerung an die Rote Armee, deren Befreiung von den Nazis gleichzeitig Mord und Ver- gewaltigung für viele Deutsche bedeutet hatte, blieben die Westberliner letzt- endlich standhaft gegenüber der als fremd empfundenen Lebensform des sozia- listischen Ostsektors(vgl. ebd., S.247). Neben der Luftbrücke reagierte man auf die Abriegelung der Zufahrtswege im Gegenzug mit einem Embargo gegenüber der Sowjetunion(vgl. Eschenhagen/Judt 2014, S.21). Für die UdSSR zeichnete sich die Berlinblockade somit zunehmend als nicht zu gewinnendes Unterfangen aus. Mit einem Abkommen der vier Besatzungsmächte in New York wurde die Berlinblockade am 04. Mai 1949 offiziell beendet(vgl. ebd.). Für die Westalli- ierten indes war die fast ein Jahr währende Luftbrücke 1948/49 zwar ein finan- zieller Verlust, dafür aber eine weltweite und großartige Werbung für das eigene System. Zudem wurde ihnen die Dankbarkeit der Berliner und die Achtung der

Deutschen zuteil. Stalin hingegen konnte keines seiner Ziele mit der Berlinblockade erreichen. Im Gegenteil kamen die restlichen Empfänger des Marshallplans angesichts der Berlinblockade zu der Erkenntnis, dass sie auf militärischen Schutz vor der UdSSR angewiesen waren(vgl. Gaddis 2007, S. 49 f.). Auch die Gründung eines westlichen deutschen Staates mit enormem wirtschaftlichem Potential konnte Stalin nicht verhindern. Als er die Berlinblockade im Mai 1949 widerstrebend aufhob, waren die NATO und die Gründung der Bundesrepublik Deutschland bereits beschlossen worden(vgl. ebd.). Außerdem war durch die Bereitschaft, für die Freiheit Berlins einen Krieg zu riskieren, die politisch-psychologische Wirkung enorm, die von der Beendigung der Blockade ausging. Die Fronten des Kalten Krieges waren damit geklärt und Berlin zu einem Symbol des Kalten Krieges geworden.

2.2.2.4 Staatsgründungen 1949

Offiziell wurde die Teilung Deutschlands 1949 mit der Gründung zweier deutscher Staaten. Die Gründung der Bundesrepublik Deutschland bedeutete die Wiedereingliederung eines Teils der Deutschen zurück in die Gemeinschaft der freien Staaten. Für die Bürgerinnen und Bürger der Deutschen Demokratischen Republik bedeutete die Teilung vor allem die Auslieferung an ein System, dass ein Großteil ablehnte. An dieser Stelle erfolgt eine Bewertung der Bedeutung der Staatsgründungen für den Kalten Krieg, die Bedeutung des Kalten Krieges für die Staatsgründungen wird an anderer Stelle aufgegriffen.

2.2.2.4.1 Die Gründung der Bundesrepublik Deutschland

Entgegen der Vorkriegspläne, Deutschland in mehrere Teile zu zerschlagen, gelangte man in Großbritannien und den USA bereits kurz nach Kriegsende zu der Erkenntnis, dass die europäische Wirtschaft nur mit Hilfe eines vereinten Deutschlands wieder erstarken könnte. Die Zerschlagung hätte dagegen die Abhängigkeit der Staatengebilde von anderen Ländern bedeutet(vgl. Benz 2005, S.5). Die Ziele des Marshallplans hätten mit einem aufgeteilten Deutschland also nicht verwirklicht werden können, daher war es bereits ein frühes Ziel der USA und Großbritanniens, Deutschland zu einen. In Frankreich bildete die Furcht vor einem wiedererstarkenden Deutschland den Hauptgrund für die Ablehnung der Staatsgründung. Der Wunsch der Internationalisierung des Ruhrgebietes zog sich dabei konsequent durch die Verhandlungen. Erst gegen Zugeständnisse wie die internationale Kontrolle des Ruhrgebietes und in Folge der Bedingungen des Marshallplans konnten auch die Franzosen überzeugt werden(vgl. ebd., S.55). Gegen die Gründung eines Westdeutschen Staates stellte sich neben Frankreich auch die UdSSR, deren Ziel es war, ein geeintes Deutschland unter sowjetischer Kontrolle zu errichten. Die restlichen Alliierten wünschten dies zu verhindern(vgl. Gaddis 2007, S.38). Die Ministerpräsidenten der Bundesländer wurden in die Planung für die Neuordnung eines Nachkriegsstaates einbezogen. Wichtig erschien ihnen die Betonung des provisorischen Charakters des neuen Staates. Als Vertreter der Magnettheorie rechneten sie mit der baldigen Wiedervereinigung des gesamten Deutschlands. Um den Vorwürfen der Preisgabe der nationalen Einheit zu entgehen, sollte das Besatzungsstatut als Verantwortung der Alliierten für deutsche Angelegenheiten im Vordergrund stehen. Zudem sollte keine Verfassung, sondern ein ebenfalls provisorisches Grundgesetz ausgearbeitet werden(vgl. ebd., S.56 f.). Mit dem Inkrafttreten des Grundgesetzes im Mai 1945 begann die Entstehung der Bundesrepublik, indem ab diesem Zeitpunkt zahlreiche Änderungen und Umformungen in Westdeutschland in Kraft traten. Bis 1955 sollten die Souveränitätsrechte der Bundesrepublik noch von der Kommission auf dem Petersberg verwaltet werden, bevor die Bundesrepublik vollständig souverän wurde(vgl. ebd., S.59).

2.2.2.4.2 Die Gründung der Deutschen Demokratischen Republik

Nachdem mit der Gründung der Bundesrepublik das Ziel der UdSSR vereitelt wurde, Deutschland unter sozialistischen Vorzeichen zu einen, ging am 07. Oktober 1949, nur wenige Monate nach Gründung der BRD, die sowjetische Besatzungszone in die Deutsche Demokratische Republik über. Deutschland war durch die Gründung der beiden separaten Staaten nun nicht mehr nur wirtschaftlich, sondern auch politisch gespalten(vgl. Eschenhagen/Judt 2014, S.24). Die Schuld an der Spaltung Deutschlands sollte an die Westmächte übertragen werden(vgl. Benz 2005, S.60). Der Staatsgründung der DDR fehlte entgegen der Bundesrepublik jegliche demokratische Legitimation. In der aufgezwungenen Verfassung zeigte sich eine wesentlich stärkere Tendenz der Antihaltung gegenüber dem feindlichen System(vgl. Nolte 1974, S.256 f.). Die Gegensätzlichkeit der beiden Staaten tritt besonders durch die Betrachtung des Verhältnisses der Bevölkerung zum jeweiligen System zu Tage. Obwohl sich Protest und Widerstand in der BRD frei entfalten konnte, war im Angesicht der Staatsgründung kaum Gegenwind spürbar. In der sowjetischen Besatzungszone war durch die Besatzungsmacht und die Omnipräsenz der Sozialistischen Einheitspartei Deutschlands(SED) kaum Widerstand möglich. Als offenbar wurde, dass die „Einheit Deutschlands" nicht wie vom Großteil der Bevölkerung verstanden den Wiederanschluss an Westdeutschland bedeutete, sondern die unrealistische Einbeziehung des abgespaltenen westlichen Gebietes in die SBZ, schlug sich die

Haltung der Bevölkerung in den Wahlergebnissen nieder(vgl. ebd.). Trotz Manipulationen und suggestiver Fragestellung - „Ich bin für die Einheit Deutschlands und einen gerechte Friedensvertrag" - sprach sich über ein Drittel der Wähler gegen die Einheitsliste bei der Wahl zur Volkskammer aus(vgl. Eschenhagen/Judt 2014, S.24). Der Alleinvertretungsanspruch der DDR schlug sich somit nicht im Willen des Volkes nieder, was sich im Verlauf der DDR auch in den steigenden Flüchtlingszahlen, die letztendlich zum Mauerbau führten, widerspiegelte.

2.2.2.5 Der Koreakrieg

Im Jahr nach der Errichtung zweier deutscher Systeme, die ohne militärische Konfrontation von statten gegangen war, erfolgte die erste inoffizielle militärische Konfrontation der zwei Supermächte. Der erste Stellvertreterkrieg markierte den bisherigen Höhepunkt der Konfrontation. Nach dem Ende des Koreakriegs ging der Kalte Krieg in eine Phase der Entspannung über.

Korea war ähnlich wie Deutschland am Ende des Zweiten Weltkrieges zwischen den USA und der UdSSR aufgeteilt. Die Truppen der Supermächte befanden sich dabei mehr zufällig als geplant, bedingt durch den Angriff auf Japan, auf der Halbinsel. Die Festlegung der Demarkationslinie zwischen Nord- und Südkorea auf den 38. Breitengrad war daher nicht von besonderen Interessen geleitet und verlief problemlos. Die Teilung sollte bis zur Bildung einer Regierung für das gesamte Korea Bestand haben, jedoch zog man die Truppen bereits vor der Regierungsbildung ab. Es blieben, ähnlich wie in Deutschland, zwei eigenständige Regierungen zurück. Die von der Sowjetunion unterstützte Regierung der Demokratischen Volksrepublik Korea im Norden war dabei alles andere als demokratisch gewählt, während die im Süden von den USA unterstützte Republik Korea ihre Regierung in von den Vereinten Nationen anerkannten Wahlen bildete(vgl. Gaddis 2007, S.57).

Nach Abzug der Truppen hinterließen die Supermächte einen Bürgerkrieg, wobei beide neugebildeten Staaten auf den Alleinvertretungsanspruch beharrten. Keine Seite konnte jedoch ohne Unterstützung der jeweiligen Supermacht die Initiative ergreifen und die USA versagten Südkorea jegliche militärische Unterstützung. Einerseits wollten die USA ihr Engagement in Asien reduzieren, andererseits befürchteten sie durch einen vorschnellen Angriff durch Südkorea in einen ungewollten Krieg hineingezogen zu werden(vgl. ebd., S.57 f.). Auch Nordkorea blieb die Unterstützung verwehrt, bis Stalin die Auffassung vertrat, eine zweite Front im Kalten Krieg könne nicht schaden und die USA würden ohnehin nicht angreifen. Außerdem war man in der Sowjetunion der Auffassung, Siege in Asien würden die Verluste und Rückschläge in Europa kompensieren(vgl. ebd., S.58). Nordkorea bekam somit die Unterstützung für eine militärische Aktion zugesprochen und marschierte am 25. Juni 1950 im Süden ein. Die Wirkung auf die USA hatte Stalin dabei jedoch unterschätzt. Die Amerikaner zeigten sich schockiert angesichts der Verletzung der von der UNO anerkannten Grenze am 38. Breitengrad. Obwohl Südkorea für das globale Machtgleichgewicht keine Rolle spielte, zeigte sich Truman entschlossen zu handeln(vgl. ebd., S.59). Auch China beteiligte sich zum Ausgleich des Kräftegleichgewichts am Koreakrieg(vgl. ebd., S.60 ff.). Als am 30. November 1950 die Chinesische Armee die US-Truppen mit einem verheerenden Militärschlag zurückdrängte, drohte Präsident Truman mit der Atombombe. Doch schnell ruderten die USA zurück und versicherten, der Einsatz von Atomwaffen in Südkorea werde nicht beabsichtigt(vgl. ebd., S.67 f.). Stattdessen zog sich der Koreakrieg noch zwei Jahre als Stellungskrieg mit erheblichen Verlusten hin. Obwohl im Grunde für den Verlauf des Kalten Krieges nicht wirklich bedeutungsvoll, schaffte der Koreakrieg einen Präzedenzfall: Längere und blutige Auseinandersetzungen zwischen Atommächten waren ohne den Einsatz von Atomwaffen möglich(vgl. ebd., S.69). Diese Erkenntnis zog sich letztlich durch den gesamten Kalten Krieg und war damit richtungsweisend für den weiteren Verlauf. Denn obwohl die Drohung, Atomwaffen einzusetzen, noch viele weitere Male von verschiedenen Akteuren ausgesprochen wurde, war man letztendlich auf beiden Seiten des Kalten Krieges gewillt, diese Drohung niemals in die Tat umzusetzen.

2.2.3 Phase leichter Entspannung 1953 – 1957

Mit Stalins Tod betrat der Reformer Nikita Sergejewitsch Chruschtschow die Bühne des Kalten Krieges. Bestand Stalin 1952 trotz schwindenden Engagements der chinesischen und nordkoreanischen Truppen auf die Fortsetzung des Koreakrieges, konnte mit Chruschtschow ein Waffenstillstand ausgehandelt werden, der 1953, im Jahr seines Amtsantritts, in Kraft trat(vgl. Gaddis 2007, S.80). Die Aussicht auf den Einsatz von Atomwaffen widerstrebte Chruschtschow, doch er setzte ebenso wie sein Gegenüber auf die psychologische Wirkung der potentiellen Zerstörungskraft(vgl. ebd., S.90). Der neue Kremlchef übernahm die Führung der Sowjetunion in einer Phase, in der die UdSSR den USA rüstungstechnisch weit unterlegen war. Nach außen propagierte er zwar die „friedliche Koexistenz", doch sein tatsächliches Vorgehen bestand überwiegend in der Übertreibung der eigenen atomaren Stärke und Drohungen mit Waffen, die nicht zur Verfügung standen. Dieses Vorgehen wurde während der Suezkrise erstmals offenbar(vgl. ebd., S.90 f.). Präsident Truman hatte den Einsatz von Atom- und Wasserstoffbomben intern stets tabuisiert und den Besitz lediglich unter psychologischen Gesichtspunkten betrachtet(vgl. ebd., S.81). Mit Eisenhower, dessen Amtszeit ebenfalls 1953 begann, änderte sich diese Sichtweise. Für ihn war die Enttabuisierung des Einsatzes von Atomwaffen notwendig, um zu verhindern, weiterhin in Kriege wie den Koreakonflikt verwickelt zu werden. Mit der Zeit setzte sich jedoch auch bei Eisenhower die Erkenntnis durch, dass ein Erstschlag gegen die UdSSR den eigenen Selbstmord bedeuten würde(vgl. ebd., S.86). Um zu verhindern, dass sich aus einem begrenzten Krieg ein totaler Krieg mit dem Einsatz von Atomwaffen entwickelte, setzte Eisenhower daher auf die Strategie, sicherzustellen, dass überhaupt kein Krieg ausbrach(vgl. ebd., S.89). Exemplarisch für die neue Strategie ist hierfür ebenfalls das Vorgehen in der Suezkrise.

2.2.3.1 Die Suezkrise

Für die Suezkrise spielt die Haltung der blockfreien ägyptischen Regierung im Kalten Krieg eine große Rolle. Staatsoberhaupt Nasser verstand sich darauf, die Supermächte gegeneinander auszuspielen, um seine angestrebten Ziele zu erreichen und wechselte die Seiten, wie es am zielführendsten schien(vgl. ebd., S.161). Für den Bau des Assuan-Staudamms sicherte sich Ägypten somit finanzielle Hilfe der Westmächte, die eingestellt wurden, als sich Nasser 1955 weigerte dem sowjetfeindlichen Bagdad-Pakt beizutreten. Im Gegenzug bezog Ägypten daraufhin Waffenlieferungen aus dem Ostblock. Als Nasser 1956 den Suezkanal verstaatlichte und eine Internationalisierung ablehnte, rief dies Großbritannien und Frankreich auf den Plan. Nachdem Konferenzen zur Lösung des Konflikts gescheitert waren, begann eine britisch-französische Intervention(vgl. Stöver 2012, S.50). Der Zeitpunkt schien günstig, da die Sowjetunion zeitgleich mit der Niederschlagung des Volksaufstandes in Ungarn beschäftigt war(vgl. Gaddis 2007, S.162). Eisenhower indes zeigte sich entsetzt über die Eigeninitiative Großbritanniens und Frankreichs und witterte die Gefahr, den Einfluss in der arabischen Welt zu verlieren. Chruschtschow indes hatte mit einem atomaren Angriff gedroht. Mit der Drohung, wirtschaftliche Sanktionen gegen Großbritannien und Frankreich zu verhängen, drängte Eisenhower seine alliierten Verbündeten somit zum Rückzug(vgl. ebd.). Neben der Etablierung der neuen Strategien der Supermächte wurde mit der Suezkrise der arabische Raum zu einem Nebenschauplatz des Kalten Krieges. Der Fokus lag während dieser Phase des Kalten Krieges somit nicht mehr in dem hohen Maße auf Europa wie zuvor. Ab sofort lag es somit auch im Rahmen der Bemühungen Eisenhowers und

Chruschtschows, es im arabischen Raum zu keiner Eskalation und damit zum Ausgangspunkt eines großen Konflikts kommen zu lassen(vgl. Stöver 2012, S.50). Hierdurch definiert sich der Charakter dieser Phase der leichten Entspannung. Erläuterungen zur Bedeutung der Suezkrise für die Bundesrepublik Deutschland erfolgen an anderer Stelle.

2.2.4 Weitere Spannungsphase 1958 – 1962

Die Ereignisse Mauerbau und Kubakrise sind für den Verlauf des Kalten Krieges vor allem so bemerkenswert, da sie einen bisherigen Höhepunkt der Konfrontation darstellten. Dies geschah trotz der Führung zweier Staatschefs, von denen man sich eher einen Wandel der bisherigen Strategie versprochen hatte. Entgegen dieser Erwartungen führten Kennedy und Chruschtschow die Welt an den Rand eines Atomkrieges. Die Gefahr eines Erstschlags wurde bis dato auf keiner Seite so deutlich empfunden. Den Ereignissen in Berlin und auf Kuba ging das sogenannte Desaster in der Schweinebucht voraus.

2.2.4.1 Das Desaster in der Schweinebucht

Die Vorgeschichte um das Desaster in der Schweinebucht beginnt mit der Aufnahme diplomatischer Beziehung zwischen Kuba und der Sowjetunion im Mai 1960. Die USA reagierten auf diese Beziehungen mit einem Handelsembargo gegenüber Kuba, worauf die Insel wiederum mit der Verstaatlichung der ansässigen amerikanischen Ölraffinerien reagierte. Statt eines Verbündeten kurz vor der Küste war aus Kuba somit ein Vorposten des Kremls geworden. Dies war für die USA eine nicht hinnehmbare Verschlechterung des Status Quo(vgl. Steininger 2011, S.22). Bereits unter Eisenhower hatte die CIA die sogenannte Operation „Zapata" geplant, die eine Invasion Kubas vorsah. Hierfür wurden von der CIA Exilkubaner ausgebildet, die im Rahmen der Operation nach ihrer Landung auf Kuba einen Aufstand gegen Fidel Castro anzetteln sollten. Zwischen der Planung und der Durchführung erfolgte jedoch der Machtwechsel in den USA. Kennedy ersetzte Eisenhower und billigte unter Zeitdruck eine schlecht geplante Aktion mit offensichtlichen Schwachstellen. Die von Eisenhower in Auftrag gegebene Operation endete unter Kennedys Führung folglich im Desaster in der Schweinebucht(vgl. ebd., S.22 ff.). Statt eine Invasion Kubas mit anschließendem Putsch vorzunehmen, wurden die Exilkubaner am 17.April 1961 nach einem verpatzten Luftschlag unmittelbar nach ihrer Landung auf verhaftet. Im Abschlussbericht der CIA wurden die Gründe für das Scheitern aufgeführt. Neben schlechter Planung, reinem Wunschdenken und mangelhafter Versorgung der Exilkubaner hatte die CIA außerdem versäumt, Präsident Kennedy von den geringen Erfolgsaussichten zu unterrichten und zum Abbruch der Operation zu raten(vgl. ebd., S.27 f.). Bedeutsam ist diese Aktion vor allem durch den Eindruck, den Chruschtschow von Kennedy erhielt. Durch die Annahme, einem schwachen Gegner gegenüberzustehen, wurde sein Vorgehen in der Berlinkrise determiniert.

2.2.4.2 Die Berlinkrise 1961

Als die Einteilung Deutschlands nach dem Zweiten Weltkrieg in Besatzungszonen die deutsche Teilung einleitete und die Sowjetunion dabei im Hinblick auf Bevölkerungsdichte und Wirtschaftskraft benachteiligt wurden, lag der Grund in Stalins Akzeptanz vor allem in seiner eigenen Version der Magnettheorie. So nahm der Sowjetführer an, die von ihm eingesetzte marxistisch-leninistische Regierung würde für die Westdeutschen als Vorbild dienen und sie würden ihrerseits durch Wahlen den Rest Deutschlands unter sowjetische Oberhoheit bringen(vgl. Gaddis 2008, S.35). Die Ereignisse um das Jahr 1961, die im Mauerbau ihren Höhepunkt fanden, widerlegten seine These post mortem endgültig. Bis 1961 war der Flüchtlingsstrom von West nach Ost stetig gewachsen. Von 1950 bis Ende 1961 flüchteten über 2 Millionen Menschen aus der DDR in den Westen(vgl. Eschenhagen/Judt 2014, S.116). Ein Dorn in Auge war der Sowjetunion dabei vor allem der Vier-Mächte-Status Berlins. Ein nicht unerheblicher Teil der Flüchtlinge nutzte die offenen Grenzübergänge vom sowjetischen Ostteil der Stadt in den von den westalliierten verwalteten Teil. Die Freizügigkeit in ganz Berlin war durch die Nachkriegsverträge garantiert, was wohl einen Grund dafür darstellt, dass der Bau der Mauer erst im Jahr 1961 erfolgte(vgl. Kempe 2011, S.378). Ebenso stetig wie der Flüchtlingsstrom wuchs auch die Erkenntnis, dass sich Veränderungen um den Zustand Berlins abzeichneten. In einem Ultimatum kündigte Chruschtschow an, den Sonderstatus Westberlins aufzuheben und einen endgültigen Friedensvertrag mit der DDR zu schließen, wobei die gesamte Stadt Ostdeutschland zufallen würde. Die scheinbare Bereitschaft für die Schließung des Schlupflochs in Berlin, die bereits gegen internationales Recht verstoßen würde, einen Krieg zu riskieren, wuchs dabei vor allem aus der Absicht, die Aufmerksamkeit der USA zu gewinnen(vgl. ebd., S.43 f.). Das Selbstvertrauen für derartige Drohgebärden zog Chruschtschow aus der Annahme, dass niemand bereit sei, wegen Berlin in einen Krieg zu ziehen(vgl. ebd., S.47 f.). Zwar erhielt Chruschtschow die gewünschte Aufmerksamkeit, jedoch war das Verhältnis zwischen ihm und Eisenhauer nach dem Abschuss eines amerikanischen Spionageflugzeugs über sowjetischem Gebiet geschädigt(vgl. Gaddis 2008, S.96). Tatsächliche Kommunikation erfolgte damit erst mit

Eisenhowers Nachfolger Kennedy(vgl. Kempe 2011, S.65 f.). Die erste Zeit nach dem Machtwechsel in den USA war sodann durch beidseitige Signale der Entspannung geprägt. Durch Fehlinterpretation der Gegenseite fiel man jedoch schnell in alte Verhaltensmuster zurück. Kriegsrhetorik und Konfrontation erhielten durch die öffentliche Verkündung der US-amerikanischen atomaren Stärke erneut Einzug in den Kalten Krieg(vgl. ebd., S.108 ff.). In der Zwischenzeit hatte Walter Ulbricht Chruschtschow wiederholt zu Maßnahmen bezüglich des Flüchtlingsstroms aus der DDR gedrängt. Durch den Politikwechsel in Folge der Fehlinterpretationen bezeichnete Chruschtschow nun den Abschluss eines Friedensvertrags und damit die endgültige Regelung des Status der Stadt Berlin als das Wichtigste in den Beziehungen zwischen Deutschland und der Sowjetunion(vgl. ebd., S.164). Geprägt von den bereits beschriebenen Ereignissen in der Schweinebucht erfolgte das Gipfeltreffen zwischen Chruschtschow und Kennedy im Juni 1961 in Wien. Chruschtschow hielt dabei an seiner Ablehnung von Atomteststopps fest und verhängte erneut ein Berlin-Ultimatum. Beflügelt durch die verpatzte Aktion unterschätzte der Kremlchef die Stärke des jungen US-Präsidenten(vgl. ebd., S.293 ff.). Chruschtschow kündigte an, nach der Unterzeichnung eines Friedensvertrags mit der DDR, Westberlin zu einer freien Stadt zu machen, in der sowjetische und amerikanische Truppen stationiert bleiben könnten(vgl. ebd., S.296 ff.). Kennedy hingegen war bereit, einen Friedensvertrag mit der DDR hinzunehmen, solange die Rechte der Alliierten in Westberlin unberührt blieben(vgl. ebd., S.300). Durch Chruschtschows Ankündigung war der erneute Kollisionskurs zwischen den USA und der Sowjetunion festgeschrieben: Er würde den Versuch der Alliierten, ihre Rechte auch nach der Unterzeichnung des Friedensvertrags durchzusetzen, als Angriff werten(vgl. ebd., S.302 ff.). Für Kennedy lag der Wert Berlins vor allem in der Überzeugung, dass ein Scheitern in Berlin und der Abzug der Truppen die Bundesrepublik gegen die USA und Großbritannien wenden könnte, was den Zerfall der NATO zur Folgen hätte haben können(vgl. ebd., S.317).

Das tatsächliche Vorgehen Chruschtschows war der für die DDR immer dramatischer werdenden Situation geschuldet. Die Nachricht, dass der Zusammenbruch der DDR in Kürze unvermeidlich sei, rückte das Interesse an einem Friedensvertrag zunächst in den Hintergrund(vgl. ebd., S.334). So trafen sich Ulbricht und Chruschtschow im August 1961 nur, um die letzten Details der Grenzschließung vorzubereiten(vgl. ebd., S.379). In der Zwischenzeit hatte Kennedy erneut betont, dass die Sowjetunion tun und lassen könne, was sie wolle, solange die „Three Essentials" in Westberlin nicht berührt würden: Freiheitsgarantie für die Bewohner, westliche Truppenpräsenz, gesicherter Zugang zur gesamten Stadt(vgl. Stöver 2012, S.51). Dieses „Schlupfloch" ließ dem Osten die Möglichkeit, mit dem Mauerbau den Flüchtlingsstrom einzudämmen und, trotz der Verletzung der Nachkriegsverträge, keinen Atomkrieg zu provozieren(vgl. Kempe 2011, S.381). Diese Grundhaltung steckte gleichsam den Handlungsrahmen der US-Regierung beim Mauerbau ab. Als die Operation „Rose" in der Nacht des 13. August 1961 in Angriff genommen wurde, ließen die Alliierten Soldaten die ausschließlich im Ostsektor agierenden NVA-Soldaten gewähren und griffen nicht ein(vgl. ebd., S.414). Gleichzeitig hielten sich die Sowjets an die Wahrung der Bewegungsfreiheit. Vertretern der amerikanischen Streitkräfte war es auch nach der Abriegelung gestattet, den Ostsektor Berlins zu betreten(vgl. ebd., S.416). Der Bruch des Vier-Mächte-Abkommens wurde von den USA somit stillschweigend akzeptiert(vgl. Stöver 2012, S.52). Der Bau einer Mauer um Westberlin erschien Kennedy dabei als lohnenderes Opfer als ein Krieg. Dass Westberlin unberührt blieb, interpretierte er als Zurückhaltung Chruschtschows. Kennedy sah im Mauerbau einen positiven Wendepunkt, da man einen Atomkrieg abgewendet hatte(vgl. Kempe 2011, S.429). Um die Einhaltung der „Three Essentials" zu überwachen, fanden regelmäßige Fahrten des US-Militärs von Westberlin über die Grenze in den Osten statt(vgl. ebd., S. 552). Am 27.Oktober 1961 entdeckten die Amerikaner bei einer der Routinefahrten sowjetische Panzer ohne Hoheitszeichen auf der Gegenseite. Die USA zogen nach und fuhren ihrerseits Panzer zum Checkpoint Charlie. Mit aufeinander gerichteten Geschützen standen sich über Nacht erstmals offiziell sowjetische und amerikanische Soldaten gegenüber(vgl. ebd., S.553 f.). Eine falsche Bewegung, ein versehentlich abgegebener Schuss hätte dabei den gefürchteten Atomkrieg einleiten können. Im Dialog zwischen Kennedy und Chruschtschow, welches über Unterhändler stattfand, wurde ausgehandelt, dass die Sowjetunion ihre Panzer wieder abziehen würden. Im Ausgleich dazu würden die USA ihre militärischen Kontrollfahrten in den Osten unterlassen(vgl. ebd., S.564 f.). Um 10.30 Uhr am 28. Oktober 1961 begann der allmähliche Rückzug der Soldaten und einer der gefährlichsten Momente des Kalten Krieges ging recht unspektakulär vorbei(vgl. ebd., S.566 f.).

2.2.4.3 Die Kubakrise 1962

Im Zentrum der erneuten direkten Auseinandersetzung zwischen den USA und der UdSSR standen sowjetische Raketenstellungen auf der Insel Kuba, dem Schauplatz des vorangegangenen Desasters in der Schweinebucht(vgl. Steininger 2011, S.39). Diese SAM-2-Raketenstellungen bedeuteten vor allem, dass sowjetische Atomraketen erstmals in der Lage waren, die USA zu erreichen. Die Platzierung stand im direkten Zusammenhang mit der im Vorjahr erfolgten Berlin-Krise(vgl. ebd., S.40 f.). Auch die Stationierung amerikanischer Raketen in der Türkei, von denen Chruschtschow im Mai 1962 erfuhr, lassen sich als Grund anführen(vgl. ebd., S.33). Die bisherige Charakterisierung des Kalten Krieges deutet daraufhin, dass die Bombardierung der USA keineswegs das Vorhaben Chruschtschows war. Vielmehr ging es wohl um die Verteidigung Kubas und außerdem um die Anpassung des strategischen Kräfteverhältnisses. Denn nach wie vor war die Sowjetunion den USA in der atomaren Rüstung unterlegen, was in Folge der Berlin-Krise öffentlichkeitswirksam demonstriert wurde. Allerdings bedeutete ein Erstschlag der USA nach wie vor die unmittelbare atomare Selbstvernichtung(vgl. ebd., S.31). In Absprache mit Fidel Castro wurde die Aufrüstung Kubas mit 40 Atomraketen beschlossen. Castro stimmte der Aktion vor allem auf Grund seiner Befürchtung zu, die USA könnten einen erneuten, besser geplanten Inversionsversuch starten. Die Zahl der sowjetischen Atomraketen, die in der Lage waren die USA zu erreichen, würde sich durch die Stationierung verdoppeln, das sozialistische Lager erhoffte man hierdurch zu stärken(vgl. ebd., S.34 f.).

Bereits gute sechs Wochen vor dem ersten offiziellen Tag der Kubakrise am 16. Oktober 1962 begann die Verhärtung der Fronten. Ausgelöst durch bereits im Vorfeld der geplanten Stationierung installierten Abwehrraketen und deren Entdeckung durch die USA erhöhten beide Supermächte die Alarmbereitschaft, zogen öffentlich Grenzen und sprachen Drohungen aus(vgl. ebd., S.39 ff.). Am 15. Oktober bewiesen die Aufnahmen weiterer Aufklärungsflüge der US-Truppen schließlich den Bau von Raketenstellungen westlich von Havanna(vgl. ebd., S.42). Auch in der Kubakrise zeigte sich einmal mehr das bewährte Vorgehen beider Blöcke. Darauf bedacht, nicht durch offensiven Aktionen einen Gegenschlag zu provozieren, war das Mittel der Wahl auf Seiten der USA eine Seeblockade Kubas, die einem Luftschlag vorgezogen wurde(vgl. ebd., S.43 ff.). Zusätzlich wurde intern die Bereitschaft verkündet, die von den USA in der Türkei stationierten Mittelstreckenraketen abzuziehen, sollten die Sowjets dies ansprechen(vgl. ebd., S.61). Hiermit war bereits der Lösungsweg der Kubakrise vorgezeichnet, die Konfrontation sollte sich allerdings zunächst weiter zuspitzen. Die Weltöffentlichkeit war zu diesem Zeitpunkt noch nicht über die zunehmende Spannung zwischen West und Ost und die realer werdende Gefahr eines Atomkriegs unterrichtet worden(vgl. ebd., S.65). Dies sollte erst durch Kennedys Fernsehansprache erfolgen, in der er direkt an Chruschtschow appellierte, die

Waffen aus Kuba abzuziehen. Dabei kündigte er außerdem die bereits durchgeplante „Quarantäne" sowie weitere Maßnahmen an, sollten die Arbeit an den Abschussrampen fortgesetzt werden(vgl. ebd., S.70 f.). Chruschtschow zeigte sich erleichtert angesichts des Ultimatums, da er schlimmeres befürchtet hatte. In dem Glauben, die USA wüssten nichts vom offensiven Charakter der Raketen, wurde der Weiterbau der Abschussrampen befohlen(vgl. ebd., S.72. ff.). Trotz Chruschtschows harter Außendarstellung und seiner Ankündigung, die Blockade nicht zu akzeptieren, gab Moskau zwei sich nähernden Schiffen, beladen mit Atomraketen, den Befehl umzukehren(vgl. ebd., S.80 ff). Im Angesichts der Erhöhung der Alarmbereitschaft von Seiten der USA auf DEFCON-2 und dem Wissen um die massive strategische Unterlegenheit der Sowjetunion favorisierte Chruschtschow eine diplomatische Lösung, bei der die Sowjetunion ihr Gesicht wahren würde(vgl. ebd., S.84 ff.). Am elften Tag der Kubakrise, nachdem auf beiden Seiten diverse Möglichkeiten des Vorgehens verhandelt und verworfen wurden, erreichte Kennedy ein Brief mit dem Vorschlag, die sowjetischen Raketen gegen die Versicherung Kuba nicht anzugreifen abzuziehen. Obwohl die auf Kuba stationierten Mittelstreckenraketen inzwischen einsatzbereit waren, wollte Chruschtschow einen Atomkrieg um jeden Preis verhindern(vgl. ebd., S.96). Die von allen Seiten favorisierte diplomatische Lösung erfolgte somit am 28. Oktober, dem letzten Tag der Kubakrise. Vereinbart wurde der Abzug der sowjetischen Raketen von Kuba, gleichzeitig versicherten die USA, die Insel nicht anzugreifen. Inoffiziell wurde außerdem der Abzug der amerikanischen Atomraketen aus der Türkei vereinbart(vgl. ebd., S.105 ff.). Einmal mehr hatte im Kalten Krieg eine Phase der Spannung ihren Höhepunkt überwunden, ohne dass, trotz massiver Drohungen, Atomwaffen eingesetzt wurden. Die Erkenntnis, dass Atomwaffen auf Grund ihrer Zerstörungskraft letztlich nicht zu gebrauchen waren, zog sich also weiter durch den Kalten Krieg. Der Vorzug diplomatischer Lösungen auf beiden Seiten leitete damit wiederum eine Phase ein, in der weniger auf Konfrontation gesetzt wurde.

2.2.5 Übergangsphase zur Entspannung 1963 – 1969

Im Nachhinein lässt sich die Kubakrise trotz der heiklen Lage, dem massiven Atompoker und dem naiven Vorgehen der Sowjetunion als Katalysator der folgenden Entspannung im Kalten Krieg sehen. Die Einrichtung des „heißen Draht" zwischen dem Kreml und dem Weißen Haus ist ebenso Ausdruck für diese Entspannung wie das Abkommen über das Verbot von Kernwaffenversuchen in Atmosphäre, Weltraum und unter Wasser vom August 1963(vgl. ebd., S.121). Nur drei Monate später wurde John F. Kennedy in Dallas erschossen. Im

Jahr darauf ging gleichsam die Herrschaft Chruschtschows vorüber. Die größte Konfrontation des Kalten Krieges hatten beide Staatsoberhäupter jedoch erfolgreich überwunden. Zugleich drückte sich in der Entspannung zwischen den Supermächten aber eine Entwicklung aus, die bereits Ende der fünfziger Jahre begonnen hatte. Aus der bipolaren Weltordnung drängten sich die kleineren Mächte immer mehr in den Fokus und die beiden Supermächte hatten Probleme dabei, Neutrale und Verbündete im Zaum zu halten(vgl. Gaddis 2008, S.154). So zeigte sich zum Beispiel das von den USA unterstütze Südvietnam derart brutal, dass die Regierung Kennedy die Ablösung des Diem-Regimes anstrebte. Nach Kennedys Ermordung machte der neu gewählte Lyndon B. Johnson mobil und griff mit den USA in den Vietnamkrieg ein(vgl. ebd., S.168). Der Vietnamkrieg diente dabei in zahlreichen westlichen Ländern zum Anlass, gegen das bestehende System zu demonstrieren(vgl. ebd., S.180 ff.). Mit Richard Nixon wurde 1969 sodann der Präsident gewählt, der zu Beginn der Entspannungsphase in den 1970er-Jahren ebenso wie Johnson vor ihm Schwierigkeiten mit dem Resultat der Bildungsoffensive der USA während des Kalten Krieges hatte. Um im geopolitischen Wettstreit mitzuhalten, hatte man in den konkurrierenden Systemen auf eine verstärkte höhere Bildung gesetzt. Die Immatrikulationen in den Universitäten stiegen an, die Geburtenraten waren in Folge des „Friedens" und der verbesserten medizinischen Versorgung gestiegen, die Sterblichkeit gesunken. Ende der Sechziger und Anfang der Siebziger Jahre war die Nachkriegsgeneration folglich mit eben diesen Errungenschaften ausgestattet und fähig zum Protest(vgl. ebd., S.185). Die Unzufriedenheit der Jugend richtete sich dabei gegen den Status Quo des Kalten Krieges und das Establishment. Gesellschaftliche Umbrüche erreichten die Studentenproteste freilich nicht, dafür wurde die Erkenntnis auf Seiten der Regierungen der USA, Westdeutschland und sogar der Sowjetunion erstritten, dass eine Zusammenarbeit notwendig sei, um Protestbewegungen künftig abzuwenden(vgl. ebd., S.186 f.). Die Entspannung im Kalten Krieg lässt sich somit auch auf innenpolitische Prozesse zurückführen, die die Führungen der Systeme selbst, wenn auch ungewollt, herbeigeführt haben.

2.2.6 Entspannung in den 1970er Jahren

Die Entspannung in den 1970er Jahren war vor allem geprägt durch das Erreichen des lange von der Sowjetunion angestrebten strategischen Gleichgewichts. Die Raketenlücke zeigte sich erstmals tatsächlich geschlossen. Infolgedessen bahnte sich eine Annäherung zwischen den USA und China an, mit deren Hilfe die Beendigung des Vietnamkrieges forciert werden konnte. Weder Nixon noch Mao hatten besonderes Interesse daran, den Krieg weiterzuführen. Für die USA und Richard Nixon ging es dabei hauptsächlich um einen Rückzug, der für die Vereinigten Staaten keine Demütigung darstellte(vgl. ebd., S.187 ff.). Beide Staaten hatten dabei, wie bereits ausgeführt, auf Grund von Protesten gegen das Engagement in Vietnam auch innenpolitischen Druck und das Ziel, die Ordnung im eigenen Land wiederherzustellen(vgl. ebd., S.190). Letztlich sollte es jedoch noch bis 1975 dauern, bis sich die USA endgültig aus Vietnam zurückzogen. Beflügelt wurde die Entspannung zwischen der UdSSR und den USA in den 70er-Jahren auch durch die Breschnew-Doktrin. Breschnew hatte 1968 noch das sowjetische Recht deklariert, die Souveränität jedes sozialistischen Landes zu verletzen, das bestrebt war, den Marxismus-Leninismus durch den Kapitalismus zu ersetzen(vgl. ebd., S.189). In der in diesem Rahmen stattfindenden Invasion Polens hatten die Sowjets dabei zunehmend die Kontrolle verloren. Die Breschnew-Doktrin verkam unter dieser Berücksichtigung zur Fassade, sie war ähnlich wie die Atombombe unbrauchbar geworden. Die Anwendung der Doktrin musste verhindert werden und dies sollte durch verbesserte Beziehungen zu den USA und ihre NATO-Verbündeten sichergestellt werden(vgl. ebd., S.192). Dies wurde vor allem mit wirtschaftlichen Gründen gerechtfertigt. Denn die Lebensstandards in den sozialistischen Ländern blieben hinter denen im Westen zurück. Dieses Problem konnte nicht militärisch gelöst werden, sondern wäre durch hierdurch folgende Wirtschaftssanktionen nur verschärft worden. Die Stabilität in der osteuropäischen Einflusssphäre sollte also durch entspannte Beziehungen zum Westen gesichert werden(vgl. ebd., S.193). Im Rahmen der neuen Ostpolitik, deren Vorreiter die Bundesregierung um Willy Brandt war, legten Nixon und Außenminister Kissinger zentrale Handlungsmaximen in die Öffnung gegenüber China und die ökonomischen Zwänge der Sowjetunion. Rüstungsbeschränkungen waren hierbei unter anderem das Ziel(vgl. ebd.). Durch die Möglichkeit China und die Sowjetunion gegeneinander ausspielen zu können, konnte Nixon durch die Entspannungspolitik auch den innenpolitischen Problemen entgegentreten und sich 1972 die Wiederwahl sichern(vgl. ebd., S.194). Mit der Bemühung um Abrüstung ging gleichermaßen das Interesse an der Sicherung des Status Quo in Europa einher, welcher in der Schlussakte der Konferenz über Sicherheit und Zusammenarbeit in Europa 1975 festgeschrieben wurde. Gleichsam verhandelten Warschauer Pakt und NATO über beidseitige Truppenreduzierungen in Europa(vgl. ebd., S.232). Konkrete Beschränkungen der Rüstung wurden dabei im SALT-I-Abkommen beschlossen, das Gleichgewicht des Schreckens bekräftigt(vgl. ebd., S.248). Um den innenpolitischen Druck zu reduzieren unterzeichnete Breschnew gar die Erklärung der Menschenrechte der Vereinten Nationen. Die Folgen waren jedoch nur schwer abzuschätzen(vgl.

ebd., 233). Denn während der Helsinkiprozess die Legitimation der Sowjetunion in der westliche Welt untermauern sollte, legte der Kreml dort den Grundstein der Legitimation der Opposition in der UdSSR. Denn nach Unterzeichnung der Menschenrechtscharta wurde deren Einhaltung von oppositionellen Kräften nach und nach zunehmend eingefordert. Im Frühjahr 1976 bildeten sich dabei erste Gruppen zur Förderung der Erfüllung der Beschlüsse von Helsinki(vgl. ebd., S.236). Mit der Wahl Karol Wojtylas zum Papst 1978 erlangten derartige Bewegungen ein spirituelles Vorbild, das mit seinem Besuch in Warschau 1979 den Anfang vom Ende der Sowjetunion einleitete. Hunderttausende jubelten dem Oberhaupt der katholischen Kirche zu, dem Vertreter einer Instanz, die mit kommunistischen Gedanken nicht vereinbar war(vgl. ebd., S.239).

2.2.7 erneute Konfrontation und Niedergang der Sowjetunion

Der Prozess des Zerfalls der Sowjetunion zeichnete sich bereits Anfang der 1980er-Jahre ab. Ende 1981 war erneut Polen der Schauplatz von Auflehnungen gegen den Kommunismus. Die Oppositionsbewegung Solidarnosc forderte die Breschnew-Doktrin heraus. Anders als noch 1968 in der Tschechoslowakei entschied sich die überalterte Moskauer Führung jedoch gegen einen Eingriff und überließ der polnischen Führung 1981 die Niederschlagung der inneren Opposition. Die passive Reaktion lässt darauf schließen, dass die Sowjetunion bereits zu diesem Zeitpunkt nicht mehr den gefestigten Block darstellte, den man vorzugeben pflegte(vgl. Rödder 2010, S.51).

Bereits in den 1970er Jahren befand sich der Kalte Krieg in einem derart stabilen Gleichgewicht, dass die Konfrontation zwischen West und Ost als Normalzustand angesehen wurde. Autoren wie Nolte schrieben über den Kalten Krieg 1974 bereits als abgeschlossenen Abschnitt, bei dem nicht klar sei, wann und wie er geendet habe(vgl. Nolte 1974, S.32). Mit Ronald Reagan betrat 1981 ein Präsident die politische Bühne, der sich wie viele andere nicht mehr mit dem Status Quo zufrieden geben wollte. Unter Reagan verschärfte sich die Rhetorik. Von der Überwindung des Kommunismus sprach Reagan, in Abgrenzung zu seinen Vorgängern, die stets betont hatten, man müsse sich an diesen gewöhnen(vgl. Gaddis 2008, S.276 f.). Außerdem sprach er von der Anerkennung der Legitimität der Sowjetunion als Kardinalsfehler der Entspannung. Seinen Worten Taten folgen lassend, erhöhte Reagan die Militärausgaben und stellte sich gegen das Gleichgewicht des Schreckens, das auf dem Verzicht auf Defensivwaffen beruhte. Reagan hatte erkannt, dass sich die Sowjetunion wirtschaftlich und ideologisch auf dem absteigenden Ast befand und legte es folglich darauf an, diesen Prozess zu beschleunigen(vgl. ebd., S.279 f.). Mit der Forcierung der Strategischen Verteidigungsinitiative(SDI) sollten die Sowjets auf dem Gebiet der Computertechnologie geschlagen werden, auf dem sie große Rückstände aufwiesen. SDI als Verteidigungsmechanismus sollte letztendlich bewirken, dass Atomwaffen nicht nur durch ihre abschreckende Wirkung, sondern tatsächlich unwirksam gemacht wurden. Obwohl noch weit von einer tatsächlich wirksamen Raketenabwehr entfernt, nutzten die USA die größere Rückständigkeit der Sowjetunion aus und blufften bezüglich des tatsächlichen technischen Standes. Die Sowjetführer reagierten panisch(vgl. ebd., S.281). Im selben Jahr, 1983, wurden die Pershing-II-Raketen im Rahmen des NATO-Doppelbeschlusses in Westeuropa stationiert und damit die Tendenz der erneuten Konfrontation nochmals unterstrichen(vgl. Eschenhagen/Judt 2014, S.273). In dieser Phase des Kalten Krieges standen dem berechnenden und scharfsinnigen Reagan zwei greise und kaum mehr handlungsfähige sowjetische Staatschefs gegenüber, die nicht in der Lage waren, dem Präsident Paroli zu bieten. Obwohl man die Stationierung der NATO-Raketen nicht zu verhindern mochte, begab sich der sowjetische Außenminister Gromyko nur kurz darauf in Abrüstungsverhandlungen. Erst in Reagans zweiter Amtszeit traf dieser 1985 auf den reformatorischen Geist Gorbatschows, der, obwohl er die Sowjetunion retten wollte, genau das Gegenteil erreichte(vgl. Gaddis 2008, S.283). Unter den Eindrücken der Atomkatastrophe von Tschernobyl 1986 verkündete Gorbatschow den Wandel zu „glasnost"(Publizität) und „perestroika"(Umgestaltung). Auch zur gemeinsamen Abschaffung der Atomwaffen erklärte sich Gorbatschow bereit(vgl. ebd., S.285 f.). Obwohl es hierzu keine formale Einigung gab, wurde die Abrüstung 1987 im Hinblick auf die Mittelstreckenraketen in Europa vorangetrieben, über die noch wenige Jahre zuvor gestritten worden war. Erfolglos drängte Gorbatschow jedoch auf den Verzicht der USA auf das SDI Programm, welches einen wirtschaftlichen Risikofaktor für die UdSSR darstellte(vgl. ebd., S.288). Im Rahmen der wirtschaftlichen Probleme der Sowjetunion gelang Gorbatschow durch Gespräche mit US-Außenminister Shultz zu der Erkenntnis, dass eine geschlossene Gesellschaft keinen wirtschaftlichen Erfolg haben könne. Obwohl die Einführung der freien Marktwirtschaft nie zur Debatte stand, ereigneten sich maßgebliche Liberalisierungsprozesse, die den Untergang der Sowjetunion letztlich besiegelten, statt ihre Rettung einzuleiten(vgl. ebd., S.288 ff.). Dazu zählte vor allem der Widerruf der Breschnew-Doktrin, der in Form des Rechts zur souveränen Entscheidung über die Entwicklungsprobleme sozialistischer Staaten bereits 1986 formuliert wurde. Der Zusammenhalt der Sowjetunion auf freiwilliger Basis in Form der sogenannten „Sinatra-Doktrin", in Anspielung auf dessen Lied

„my Way", wurde jedoch erst im Juli 1989 in Bukarest offiziell festgehalten(vgl. Rödder 2010, S.52 f.). Unter diesen Bedingungen kehrte 1988 in Polen erneut die Oppositionsbewegung Solidarnosc aus dem Untergrund zurück und verhandelte mit der Regierung über Reformen(vgl. ebd., S.55 f.). Der Abbau der Landesgrenze zwischen Ungarn und Österreich seit Mai 1989 verstärkten erneut den Flüchtlingsstrom aus der DDR und leitetet damit die finalen Krisen des SED-Staats ein(vgl. ebd., S.56 f.). Wie die DDR wurde auch die Tschechoslowakei von einer friedlichen Revolution erfasst und nach und nach folgte eine ganze Reihe weiterer Ostblockstaaten den Umwälzungsprozessen(vgl. ebd., S.58). Das Ende der Sowjetunion wurde letztlich durch das Zusammenwirken verschiedener Strukturen, Institutionen und persönlichem Handeln eingeleitet und gipfelte in einem verselbstständigten Prozess. Die Funktionsschwäche der sozialistischen Plan- und Zwangswirtschaft wurde durch den Übergang zum mikroelektronischen Zeitalter noch verstärkt und verfestigte sich zu einer handfesten ökonomischen Krise. Hieran setzten die Strukturreformen Gorbatschows an. Die Wirkung der Billigung von Opposition und das Unterlassen militärischer Aktionen gegen revolutionäre Kräfte führten somit letztlich zum endgültigen Zusammenbruch der Sowjetunion statt zur gewünschten Entspannung innerhalb des Blocks. Der Druck durch das geplante SDI-System der USA tat sein Übriges zu diesen Entwicklungen(vgl. ebd., S.60 f.). Als in Berlin am 9. November 1989 die Mauer als größtes Symbol des Kalten Krieges fiel, hatten die Menschen die Wahl um das bessere System zu Gunsten des Westens entschieden. Nicht mehr Flucht war das Ziel der Bürger, sondern der Verbleib in der Heimat bei gleichzeitiger Beseitigung des undemokratischen Regimes. Die Öffnung der Grenze war gleichbedeutend mit dem Ende des Kalten Krieges(vgl. Stöver 2012, S.112 f.). Zu beachten ist die Tatsache, dass in den Maßnahmen der letzten Phase des Kalten Krieges die Wurzel einiger weltpolitischer Ereignisse liegt. Wie bereits ausgeführt, verlagerte sich der Kalte Krieg im Laufe der Zeit aus Europa in den Rest der Welt. So reagierte die Sowjetunion etwa auf die Planungen des NATO-Doppelbeschluss Ende 1979 mit dem Einmarsch in Afghanistan, um dort den sozialistischen Staatsstreich zu unterstützen(vgl. Gaddis 2008, S.259 ff.). Die CIA baute in der Folge mit dem saudischen Geheimdienst die Al-Quaida auf, um gegen die Rote Armee in Afghanistan zu kämpfen(vgl. Leukefeld o.J.). Die Ursachen für die Terroranschläge des 11. Septembers und seine Folgen sowie die aktuelle Flüchtlingskrise liegen also im Kalten Krieg. Auf diesen Umstand wird an anderer Stelle noch genauer eingegangen.

Zwar ging mit dem Zerfall der Sowjetunion der Kalte Krieg offiziell vorüber, doch letztlich erklärt es sich von selbst, dass aus der jahrelangen Rivalität nicht über Nacht ein kooperatives Verhältnis wurde. Bis in die heutige Zeit setzen sich bei aller Zusammenarbeit auch Konfliktsituationen und Spannungen fort. Es gilt dabei einige aktuelle Begebenheiten zu beachten, die bis heute vom Geist des Kalten Krieg beseelt sind. Längst werden beispielsweise die Ereignisse in der Krim-Krise als Formierung eines neuen Kalten Krieges interpretiert. Tatsächlich bestehen erhebliche Ähnlichkeiten in den Begebenheiten und der Rhetorik zwischen den heutigen Vertretern der einstigen Blöcke. Die Zurschaustellung der eigenen Rüstung gehört ebenso dazu wie die Tendenz, statt diplomatische Lösungen zu favorisieren auf Aktionen der Gegenseite mit einer eigenen Reaktion nachzuziehen. Diese "Tit for Tat-Spieltheorie" führte bereits als gängige Praxis im Kalten Krieg zu einer Vergeltungsspirale, die erst im Zuge der Abrüstungsbemühungen ein Ende fand. 2014 erhöhte Russland gar die Verteidigungsausgaben um 32 %. Russlands Nachbarländer, wie die Ukraine, Moldau, Georgien und die baltischen Staaten, fürchten längst Maßnahmen der Großmacht, die zum Zweck der wachsenden Einflussnahme ausgeführt werden(Graw u.a. 2015). In der aktuellen Krise um die Annektierung der Krim sind derartige Ängste längst konkret geworden. In der tagesaktuellen Presse fällt in der Berichterstattung zur Krim-Krise immer wieder der Begriff „neuer Kalter Krieg". Das Bundesministerium der Verteidigung hält dagegen, dass die gegenwärtige Konfrontation zwischen Russland und den NATO-Staaten zwar bedeutsam, jedoch weniger zentral prägend sei, als dies im Ost-West-Konflikt der Fall war. Auch sei in der heutigen Zeit die damalige bipolare Weltordnung aufgebrochen. Dennoch sei zu berücksichtigen, dass auch der Ukraine-Konflikt globale Auswirkungen habe, da Russland und die USA auf gegenseitige Kooperation angewiesen seien und Störungen in dieser Hinsicht beträchtliche Komplikationen erzeugen könnten(Hellmann 2015). Auch resultiert die Furcht vor einem neuen Kalten Krieg aus der aufkeimenden Tendenz, Konflikte in Form von Stellvertreterkriegen auszufechten. Der aktuelle Syrienkonflikt schürt derartige Ängste. Die russischen Militärinterventionen sind hierbei darauf bedacht, den bisherigen Machthaber Baschar Al-Assad zu stärken. Die USA, die mir ihrer neuen Kriegsführung über Drohnen in den Konflikt eingreifen, wollen das Land am liebsten ohne Assad an der Spitze sehen. Doch trotz zahlreicher Parallelen warnt Historiker Jörn Leonhard vor Vergleichen mit dem Kalten Krieg. Tatsächlich fehle es in den aktuell geführten Konflikten zwischen Russland und den Vereinigten

Staaten von Amerika an der damaligen Missionsidee beider Systeme. Russland verfolge nicht das Ziel, den Kommunismus in Europa einzuführen. Die Kommunikation zwischen Russland und den USA sei wesentlich ausgeprägter als zwischen der Sowjetunion und den USA zu Zeiten des Kalten Krieges(Kothe 2015). Wie auch immer diese Entwicklungen bewertet werden bleibt zu beachten, dass ein neues Konfliktpotential zu entstehen scheint, dessen Ausmaß wohl noch nicht voll einschätzbar ist.

3. Deutschland als Kind des Kalten Krieges

Die vorangegangenen Ausführungen zum Kalten Krieg per se haben vor allem eines deutlich gemacht: Die Geschichte des Kalten Krieges ist untrennbar mit der Geschichte der Bundesrepublik Deutschland verknüpft. Teilweise sind die deutsche Geschichte und die des Kalten Krieges deckungsgleich. Gründe liegen im Ursprung des Konflikts, also dem Zerfall des Kondominiums der Alliierten und dem daraus resultierenden Verlauf der Konfliktlinie entlang des geteilten Deutschlands. In welchem Ausmaß die These, die Bundesrepublik Deutschland sei ein Kind des Kalten Krieges, aber tatsächlich zutrifft und in wie vielen verschiedenen Gesichtspunkten, dies gilt es im Folgenden noch deutlicher hervorzuheben.

3.1 Der Marshallplan als Katalysator für die Reintegration in die Staatengemeinschaft

Die Erfolgsgeschichte der Bundesrepublik Deutschland nimmt nicht zuletzt durch das weiter oben beschriebene European Recovery Programm ihren Lauf und ist damit untrennbar mit dem Kalten Krieg verknüpft. Die Einbeziehung ihres Landes in den Marshallplan verdankten die Deutschen der Tatsache, dass die USA die Ansicht vertraten, die europäische Wirtschaft ohne das Potential des Ruhrgebietes nicht wieder aufbauen zu können. Dies war jedoch im wesentlichen Interesse der USA, um die bereits angesprochene Dollarlücke zu schließen und damit wiederum ihre eigene Wirtschaft wieder anzukurbeln(vgl. Herbst 1989, S.44). Besonders beachtet werden muss dabei die psychologische Wirkung des Marshallplans auf die Deutschen. Der Weg zurück zum souveränen Staat war hiermit bereits angedeutet. Die Bemühungen deutscher Politiker, die im Rahmen der Kapitulation auferlegte Demontage zu bremsen, wurden durch den Marshallplan unterstützt. Denn der Aufbau der Wirtschaft bei gleichzeitigem Abbau von Industrieanlagen war ein Widerspruch in sich. So verzichtete man auf der Pariser Außenministerkonferenz 1949 auf die Demontage einiger Chemie- und Stahlwerke und gestand der Bundesrepublik gleichzeitig zu, konsularische Beziehungen zum Ausland zu unterhalten(vgl. ebd., S.65 ff.).

Ein weiterer Aspekt, der die These von Deutschland als Kind des Kalten Krieges stützt, ist die an den Erhalt der Marshallplan-Geldern geknüpfte Westbindung. Durch die Tatsache, dass die Bundesrepublik ohnehin noch kein vollständig souveräner Staat war, war die Westbindung der BRD bereits festgeschrieben. Außenpolitisch wurde die Bundesrepublik durch Alliierte Hohe Kommission vertreten. Doch ohnehin war mit Konrad Adenauer ein Kanzler an der Macht, dessen Überzeugung vollständig mit der Westbindung übereinstimmte. Somit war die Bundesrepublik also in jeder Hinsicht an den Marshallplan gebunden(vgl. ebd., S.64 f.). Anders als die anderen europäischen Staaten profitierte die Bundesrepublik in besonderem Maße von den Hilfszahlungen. Da Deutschland geographisch unmittelbar an der Peripherie des Kalten Krieges lag und wirtschaftlich im Herzen Europas, war es den Amerikanern ein Bedürfnis, Westdeutschland zum Musterland des Marshallplans zu formen. Entsprechend nutzten die USA ihre Möglichkeiten, hierauf direkt und indirekt Einfluss zu nehmen(vgl. ebd., S.48). Der Wunsch, diesen Einfluss in möglichst großen Teilen Deutschlands zu sichern, war vor allem aber auch eines unmittelbaren Umstands des Kalten Krieges geschuldet. Denn entsprechend Stalins Aussage, ganz Deutschland müsse sowjetisch sein, lag es im Interesse der USA, dies zu verhindern(vgl. Gaddis 2007, S.36). Somit war die Absicht der USA determiniert. Ziel war, die westliche Kontrolle über einen möglichst großen Teil Deutschlands zu behalten und damit zu verhindern, dass Gesamtdeutschland unter sowjetische Kontrolle fiel. Die Unterstützung der Deutschen war ihnen dabei in den weitesten Teilen gewiss. Dies lag vor allem an dem Verhalten der Roten Armee bei und nach der Befreiung von den Nationalsozialisten. Mit massiver Gewalt, Vergewaltigungen und wahlloser Beschlagnahmung von Eigentum hatte sich die Sowjetunion jegliche Grundlage legitimer Herrschaft in der sowjetischen Besatzungszone verspielt(vgl. ebd., S.37 f.). Doch nicht nur durch die Gräueltaten der Roten Armee wurden die Deutschen den Westmächten wohlgesonnener. Ein Einschnitt dürfte auch die bereits beschriebene Berlin-Blockade 1948 gewesen sein, welche wiederum eine Folge der durch den Marshallplan erfolgten Währungsreform in Deutschland war. Mit der Luftbrücke blieb den Westberlinern die Wahl zwischen sowjetischer Herrschaft und Hungertod erspart. Die „Rosinenbomber“ blieben den Berlinern noch Jahre später in guter Erinnerung. Gleichsam rechneten die Deutschen den USA ihr Engagement hoch an, welches zu einem Zeitpunkt stattfand, indem noch nicht festgelegt war, inwiefern sie für die europäische Sicherheit einstehen würden(vgl. Kempe 2011, S.474 f.).

Durch die im Vorhergehenden ausgeführte Lage Deutschlands an der Peripherie des Kalten Krieges und die unterschiedliche Einflussnahme der Supermächte in den Besatzungszonen und den in der Gründung befindlichen Staaten entwickelte sich das geteilte Volk zunehmend auseinander. Der Kalte Krieg war dabei im Kleinen nirgendwo so gut zu sehen wie im geteilten Deutschland. Während der westliche Teil, gestützt von den USA, zu einer florierenden Wirtschaftsmacht aufstieg, litt im Osten die Bevölkerung unter dem totalitären und sowjetisch un-

terstützten System der DDR. Der Marshallplan und die damit verbundene Westbindung sowie die Installation eines kapitalistischen Systems in den Besatzungszonen der Westalliierten schrieb die Teilung Deutschlands fest(vgl. Herbst
1989, S.48). Somit ist die Frage, ob die Bundesrepublik als Kind des Kalten
Krieges angesehen werden kann. bereits zu einem frühen Zeitpunkt nach dem
Einschnitt des Zweiten Weltkrieges positiv zu beantworten. Doch auch in der
Folgezeit war die Entwicklung der jungen Demokratie vom Spannungsfeld zwischen West und Ost geprägt.

3.2 Zwei Deutsche Staaten als Ausdruck für den Kalten Krieg

Als 1949 in kürzester Zeit zwei Staaten auf deutschem Boden gegründet wurden, bedeutete dies für die Bundesrepublik Deutschland vor allem den Weg zurück in die Staatengemeinschaft, obwohl man die vollständige Souveränität noch
nicht zurück erhalten hatte(vgl. Herbst 1989, S.59). Die beiden Staaten, die von
den USA auf der einen Seite und der UdSSR auf der anderen Seite unterstützt
wurden, symbolisierten den Kalten Krieg im Kleinen, denn beide Staaten waren
durch die Konfliktlinie des Kalten Krieges getrennt(ebd., S.48). Beide Staaten
formulierten einen Alleinvertretungsanspruch mit der universellen Richtigkeit
des eigenen Systems. Dies äußerte sich durch die kategorische Nichtanerken-
nung der DDR durch die Bundesrepublik, die notfalls mit Sanktionen durchge-
setzt wurde. In der Hallstein-Doktrin wurde diese Haltung der BRD festge-
schrieben(vgl. Pfetsch 2012, S.79). Durch die Gründung zweier Staaten entwickelte sich das Volk einer Nation über Jahre hinweg in unterschiedlichen Systemen. Hierdurch bildeten sich politische und gesellschaftliche Unterschiede
heraus, die sich stellenweise noch bis heute äußern. Vorurteile zwischen ostdeutschen und westdeutschen Bürgerinnen und Bürgern bilden dabei nur die
Spitze. Auf das bis heute bestehende Ost-West-Gefälle in der Bundesrepublik
wird an anderer Stelle genauer eingegangen. Wirtschaftlich blieb die DDR weit
hinter der Bundesrepublik zurück, was auch durch die Emigration zahlreicher
Fachkräfte verstärkt wurde. Im Jahr 1961 erfolgte aus diesem Grund der Bau der
Berliner Mauer, um den Flüchtlingsstrom aus der DDR zu stoppen(vgl.
Eschenhagen/Judt 2014, S.104 ff.).

3.2.1 Westberlin und die Mauer

Im Hinblick auf den Verlust der Tschechoslowakei sah General Lucius D. Clay
im drohenden Verlust Berlins als logische Folge den Verlust Westdeutsch-
lands(vgl. Kempe 2011, S.473). Essentiell sei es daher, in Westberlin die Stellung zu halten(vgl. ebd., S.475). Die Berlin-Krise 1961 rückte Deutschland ein-

mal mehr in das Zentrum des Kalten Krieges. Die bereits beschriebenen Ereignisse zu dieser Zeit führten die Welt erneut an den Rand eines Atomkrieges. Der Bau der Mauer war letztlich eine Kompromisslösung, die zur Verhinderung eines Krieges diente. Die DDR konnte den Flüchtlingsstrom stoppen, die Westalliierten hatten sich den Zugang zu Westberlin gesichert(vgl. ebd., S.429). Der Bau der Mauer bedeutete dabei vor allem, dass das letzte Schlupfloch in den Westen gestopft und die Teilung Deutschlands endgültig besiegelt war. Die Bürger der DDR waren dem sozialistischen System von diesem Zeitpunkt an ausgeliefert. Die letzte Wahlmöglichkeit zwischen einem Leben in der freiheitlich-demokratischen Bundesrepublik oder der sozialistischen DDR war mit dem Bau der Berliner Mauer verstrichen. Die Mauer stand von nun an als Symbol für die Teilung Deutschlands und Europas(vgl. Eschenhagen/Judt 2014, S.113). Durch die Tatsache, dass sich die Westalliierten den freien Zugang zu Westberlin gesichert hatten, die Eingliederung des gesamten Berlins in die DDR folglich gescheitert war, musste der Ostblock die Existenz einer westlichen Enklave auf eigenem Gebiet akzeptierten(vgl. Kempe 2011, S.176). Für die Bürger der DDR bedeutete dies ein Schaufenster in die freie Welt, die ihnen verwehrt blieb(vgl. ebd., S.376). Dies dürfte mit ein Grund für die Tatsache gewesen sein, dass in der DDR stets Misstrauen gegen das System vorherrschte und die unfreie Lebensart nicht als Normalität angesehen wurde. Die Magnettheorie konnte somit auch im Ostblock eine stete Wirkung entfalten. Es gilt dabei zu beachten, dass Westberlin über die gesamte Zeit des Kalten Krieges durch das Besatzungsstatut einen Sonderstatus innehatte und de jure nicht zur Bundesrepublik Deutschland zählte. Beispielsweise mussten Bundesgesetze erst vom Abgeordnetenhaus in Westberlin übernommen werden. Da dies in der Regel auch geschah, zählte Westberlin de facto als zwölftes Bundesland zur Bundesrepublik, befand sich jedoch rechtlich stets in einer Grauzone(vgl. Schmale 2009).

3.3 Kriege und Krisen als Motor für die Westintegration

Bereits durch die Umstände der Entstehung der Bundesrepublik Deutschland und der Deutschen Demokratischen Republik im Spannungsfeld zwischen den USA und der UdSSR kann der Einfluss des Kalten Krieges nicht geleugnet werden. Im Angesicht der hohen Geschwindigkeit des Wiederaufbaus des einstigen tyrannischen Gegners im Zweiten Weltkrieg fühlte sich besonders Frankreich überrumpelt und musste in der Entstehung der Bundesrepublik, unterstützt von den USA, das Scheitern seiner Interessenpolitik hinnehmen. Wenn auch zunächst widerwillig wuchs mit der Zeit die Akzeptanz des neuen Staates, der durch die Einbindung in die Montanunion daran gehindert werden sollte, wieder zu einer Kriegsgefahr zu werden. Im Angesicht der wachsenden Spannung zwischen den Supermächten und der damit einhergehenden Gefahr der europäischen Staaten in die weltpolitische Bedeutungslosigkeit abzudriften, forcierte nach und nach auch Frankreich die zunehmende Stärkung der Position Deutschlands in Europa. Besonders eindrucksvoll kann dies anhand des Koreakrieges und der Suezkrise verdeutlicht werden.

3.3.1 Der Koreakrieg als Motor für die Westintegration

Überlegungen zur deutschen Wiederbewaffnung hatte es bereits 1948 gegeben, doch erst die Berlin-Blockade, der erste erfolgreiche sowjetische Atombombentest sowie der endgültige Sieg der Kommunisten in China hatten das Thema in den Fokus der Öffentlichkeit gerückt. Mit dem Einstieg der Sowjetunion in das atomare Wettrüsten war die Möglichkeit eines atomaren Patts realistisch geworden und die Bedeutung konventioneller Truppen stieg damit erneut an. Angesichts des starken sowjetischen Übergewichtes in dieser Hinsicht bei gleichzeitig geschwächter Aufstellung Westeuropas musste das Gleichgewicht wiederhergestellt werden. Die Füllung der Lücke mit deutschen Truppen lag daher nahe. Zunächst sprach sich die Staatengemeinschaft ebenso wie Deutschland gegen eine Nationalarmee aus. Vielmehr wurde auf einen Verteidigungsbeitrag in einer internationalen oder europäischen Lösung spekuliert(vgl. Herbst 1989, S.88 f.). Doch selbst gegen derartige Vorschläge regte sich heftiger Widerstand, am größten auf Seiten der Franzosen. Die Errichtung einer deutschen Rüstung wurde für „undenkbar" erklärt, die Einbeziehung der Bundesrepublik in die NATO wurde strikt abgelehnt. Den Wendepunkt stellte schließlich der Koreakrieg dar. Für die USA ging es nun vor allem darum, das nordatlantische Bündnis zu stärken. Die Frage war im öffentlichen Diskurs nun nicht mehr „ob", sondern „wie" Deutschland wiederbewaffnet werden könne. Auch die Idee der Schaffung einer Nationalarmee genoss in den USA zunehmend Akzeptanz. Die USA stellten die westeuropäischen Staaten zur Sicherung ihrer Interessen vor die Wahl, ihr militärisches Engagement auf dem Kontinent gegen die Zustimmung zu deutschen Truppen zu verstärken oder keine Verstärkung auf dem Kontinent vorzunehmen, was angesichts des Koreakrieges und der drohenden Gefahr aus dem Osten Ängste weckte. War nun die Wiederbewaffnung der Deutschen durch den Koreakrieg nur noch eine Frage der Zeit, lag es an Frankreich dies zu verhindern, denn die Befürchtung lag nahe, dass Adenauer die Aufstellung deutscher Truppen mit dem Erhalt von Souveränitätsrechten verband(vgl. ebd., S.90 f.). Den französischen Gegenvorschlag lehnte Washington jedoch als ineffektives Ablenkungsmanöver ab(vgl. ebd., S.92 ff.). Tatsächlich versuchte Adenauer Washington von der Ablösung des Besatzungsstatus und anderen Zugeständnissen zu überzeugen. Dagegen bot er die Übernahme der Vor- und Nachkriegsschulden des Deutschen Reiches sowie den Verteidigungsbeitrag Westdeutschlands. Im Rahmen der Pariser-Verträge wurde der Bundesrepublik schließlich die Souveränität und die NATO-Mitgliedschaft übertragen(vgl. ebd., S.101 f.).

Es zeigt sich anhand dieses Beispiels, wie die junge Bundesrepublik Deutschland von einem Ereignis des Kalten Krieges in hohem Maße profitieren konnte. Lehnte die Staatengemeinschaft einen westdeutschen Verteidigungsbeitrag vor dem Eintritt der USA in den Koreakrieg weitgehend kategorisch ab, so brach einerseits der Vormarsch des Kommunismus dieses Tabu auf und andererseits wurde durch eine konkrete Kriegsgefahr der Prozess der Wiederbewaffnung erheblich beschleunigt. Die Tatsache, dass der Kommunismus als größere Gefahr galt als ein wieder erstarktes Deutschland dürfte ebenfalls seinen Teil dazu beigetragen haben. Es bleibt zu bezweifeln, dass unter anderen Umständen Deutschland nur neun Jahre nach den Verbrechen des Zweiten Weltkrieges die volle Souveränität zurückerhalten hätte. Desweiteren wäre der Aufbau der Bundeswehr 1956 wohl nicht in seiner tatsächlichen Form vonstattengegangen. Die große Bedeutung des Kalten Krieges für die Entstehung der Bundesrepublik wird hierbei einmal mehr offensichtlich.

3.3.2 Die Suezkrise als Motor für die Westintegration

Ähnlich wie im Koreakrieg verhält es sich mit der Bedeutung der Suezkrise für die Entwicklung der noch jungen Bundesrepublik Deutschland. Die Ereignisse während der Suezkrise und ihre Bedeutung für den Kalten Krieg wurden bereits im vorherigen Abschnitt erläutert. Entscheidenden Einfluss nahm die Suezkrise dabei aber vor allem auf die verstärkte, von Adenauer forcierte, Westintegration. Durch das eigenmächtige Einschreiten und die darauffolgende Zurechtweisung Frankreichs und Großbritanniens durch die USA machte den Machtabstand zwischen den Supermächten und Europa endgültig deutlich. Die Gefahr der Handlungsunfähigkeit zwischen den sich im atomaren Patt befindenden Supermächten drohte zunehmend. Besonders Frankreich sah sich in die Isolation abdriften. Die Bundesrepublik war dagegen eine Ausnahme und unterhielt sich stetig verbessernden Beziehungen zu Paris(vgl. ebd., S.178 f.). Beide Staaten hatten erkannt, dass im Angesicht der weltpolitischen Lage eine Stärkung Europas unerlässlich war, um handlungsfähig zu bleiben. Als unverfänglichstes Gebiet der Kooperation bot sich die Wirtschaft an. Neben der Möglichkeit der Selbstbehauptung garantierte eine Wirtschaftsgemeinschaft der sechs Staaten der Montanunion auch eine vertiefte Westbindung. Als positiver Nebeneffekt wurde außerdem die deutsch-französische Aussöhnung von Adenauer aufgeführt, denn Sicherheitsinteressen standen nach wie vor im Zentrum der französischen Deutschlandpolitik(vgl. ebd., S.180). Durch die Eindrücke der Suezkrise, die im Vorhergehenden genauer beleuchtet wurde, begannen im Jahr 1956 somit die Verhandlungen über die Ausweitung der Montanunion zur Europäischen Wirtschaftsgemeinschaft und zur gemeinsamen Atomgemeinschaft „Euratom". Auch Großbritannien nahm hieran teil, zog sich jedoch wie bereits in den vergangenen europäischen Einigungsprozessen zurück. Auch die Einrichtung einer europäischen Freihandelszone konnten die Briten dabei nicht erreichen(vgl. ebd., S.181 ff.). Die Abschlussverträge in Brüssel im März 1957, nur ein Jahr nach der Aufnahme der Verhandlungen, markierten somit eine vertiefte europäische Zusammenarbeit zwischen Staaten, die sich noch 1944/45 im Kriegszustand befunden hatten. Auch hierbei wirkte wiederum ein Ereignis des Kalten Krieges beschleunigend auf die Einigung aus. Die essentielle Bedeutung der EWG und später der Europäischen Union für die politischen und gesellschaftlichen Prozesse in der BRD bestätigen somit erneut die These der Bundesrepublik Deutschland als Kind des Kalten Krieges.

3.4 Die Bedeutung des Stellvertreterkrieges in Vietnam für Deutschland

In Folge des Höhepunkts der atomaren Drohgebärden zwischen den USA und der Sowjetunion im Rahmen der Kubakrise verlagert sich der Kalte Krieg zunehmend an andere Schauplätze. Wie bereits beschrieben suchten die beiden Supermächte nicht mehr die direkte Konfrontation, sondern versuchten beispielsweise durch Stellvertreterkriege das Machtgleichgewicht zu ihren Gunsten zu verschieben. Der Vietnamkrieg löste dabei gesellschaftliche Prozesse aus, die die Bundesrepublik Deutschland vor innenpolitische Herausforderungen stellte. Der Protest, der von den deutschen Universitäten ausging, richtete sich dabei aktiv gegen das Engagement der USA in Vietnam(vgl. Gaddis 2007, S.181 f.). Die Protestbewegung, die um Wortführer Rudi Dutschke in Westdeutschland und Westberlin zu gesellschaftlichen und politischen Umbrüchen und Reformen führte, stand in Verbindung mit Studentenprotesten in den USA und Frankreich, die sich zum selben Anlass formierten. In Deutschland gipfelten die Studentenunruhen im Terror der Roten Armee Fraktion, die im „deutschen Herbst" zwar für Angst und Schrecken im Land sorgte, aber auch Zustimmung in der Bevölkerung fand(vgl. Eschenhagen/Judt 2014, S.159 ff.). Zu den weitreichendsten Veränderungen durch die demokratischen Ansätze der Protestbewegung, die tatsächlich als direkte Folge des Kalten Krieges anzusehen sind, zählen unter anderem das Reformprogramm für die Hochschulen, in der alle Gruppen Mitsprache-recht an der Universität erhalten sollen. Zudem erhielt die Sexualaufklärung Einzug in die Schulen aller Bundesländer(vgl. ebd., S.161). In Form der neuen Ostpolitik griff der 1969 neu gewählte und erste sozialdemokratische Bundes-kanzler Willy Brandt die Impulse der Protestbewegung auf und leitet die Ent-spannung und Annäherung zwischen der Bundesrepublik und der DDR ein(vgl. ebd., S.167). Westdeutschland diente dabei als Vorbild für die USA, die glei-chermaßen mit der Einleitung einer Phase der Entspannung im Kalten Krieg versuchten, den protestierenden Bürgern den Wind aus den Segeln zu neh-men(Gaddis 2007, S.193). In Deutschland hatten die Studentenproteste somit nicht nur eine weite Bereiche der Gesellschaft erfassende Politisierung zur Fol-ge(vgl. Eschenhagen/Judt 2014, S.167), sondern bewirkten gleichsam den Poli-tikwechsel, der später US-Präsident Nixon inspirierte, gleichsam für einen Um-schwung zu sorgen und sein Land aus dem Vietnam-Krieg herauszuziehen(vgl. Gaddis 2007, S.194).

Angesichts derartiger Erkenntnisse wird einmal mehr deutlich, dass einerseits die These von der Bundesrepublik Deutschland als Kind des Kalten Krieges in mehreren Bereichen zutrifft. Im Falle der 68er-Bewegung betreffen die direkten und unmittelbaren Folgen der Ost-West-Konfrontation vor allem den gesell-schaftlichen Bereich. Andererseits muss jedoch auch beachtet werden, dass nicht nur der Kalte Krieg die Bundesrepublik Deutschland beeinflusst hat, sondern auch die Gesamtsituation im geteilten Deutschland mehrfach Einfluss auf den Verlauf des Kalten Krieges nahm. Eine Wechselwirkung, die vor allem anhand des Beginns und dem Ende des Kalten Krieges besonders offensichtlich zu be-obachten ist. Mit dem Mauerfall in Berlin wurde demnach der Zusammenbruch der Sowjetunion besiegelt und das Ende des Kalten Krieges somit am Ort seiner Entstehung eingeleitet.

3.5 Der Kreis schließt sich beim Mauerfall

Im vorhergehenden Abschnitt wurde bereits die Bedeutung des Mauerfalls für den Kalten Krieg nachvollzogen. Im nun folgenden Schritt bedarf es der Erläute-rung einiger wichtiger Geschehnisse und Prozesse für den weiteren Verlauf der Bundesrepublik Deutschland, die in mehr oder weniger direkter Verbindung mit den Ereignissen, die zum Ende des Kalten Krieges führten, und der Wiederver-einigung stehen. So prägte der sich langsam abzeichnende Zerfall der Sowjet-union die Bundesrepublik Deutschland ebenso wie der plötzliche Mauerfall. Maßgeblich stellte die gestiegene Zahl der Ausreiseanträge und Republikflüchtlinge in den 80er Jahren nicht nur die DDR vor Probleme, die Schwierigkeiten hatte, den Schwund in der Bevölkerung zu kompensieren, sondern auch die Bundesrepublik, die mit der Anpassung des Asylrechts und einer Vereinfachung und Beschleunigung des Aufnahmeverfahrens reagierte(vgl. Eschenhagen/Judt 2014, S.254). Die Besetzung von Botschaften und ständigen Vertretungen zur Erzwingung der Ausreise in den Westen begann ab Jahresbeginn 1984. Die Zahl der Ausreisen vervierfachte sich dabei im Vergleich zum Vorjahr auf fast 41.000 Menschen(vgl. ebd., S.281). Die ablehnende Haltung der DDR-Regierung zu Gorbatschows Reformpolitik 1987 befeuerte zusätzlich den Unmut der DDR-Bevölkerung und dürfte mit ein Grund für die gewaltige Flüchtlingswelle im Zuge der Österreich-Ungarischen Grenzöffnung im Jahr 1989 gewesen sein. Bis Ende September desselben Jahres flohen über die geöffnete Grenze 30.000 Ostdeutsche aus der DDR(vgl. Rödder 2010, S.75).

Bis zum Tage des 8. November 1989 flohen alleine über die deutsche Botschaft in Prag 45.000 Menschen in die Bundesrepublik(vgl. ebd., S.106). Obwohl die Stimmung in der BRD mit den wachsenden Flüchtlingszahlen langsam kippte, wurde in der Nacht des in der Folge der Massenbewegung stattfindenden Mauerfalls den künftigen Bundesbürgern zugejubelt. Im Februar 1990 war es damit jedoch vorbei und „der Spiegel" titelte „Wieso kommen die noch?". Von überlasteten Notunterkünften wurde berichtet, von Hass auf die Übersiedler und von der Angst, die Sozialsystem würden überlastet. In der Erwartung von 1,5 Millionen Zuwanderern bis Ende 1990 verlangten kritische Stimmen gar, die Grenze wieder zu schließen. In Stuttgart brannte durch einen Anschlag ein Übersiedlerheim bis auf die Grundmauern nieder(vgl. Der Spiegel 1990). Es zeigt sich hierbei eine offenkundige Parallelität zur Berichterstattung in der aktuellen Flüchtlingskrise 2015, die im nachfolgenden Abschnitt als Langzeitfolge des Kalten Krieges genauer beschrieben wird. In Folge der Grenzöffnungen war das Land zudem mit steigender Arbeitslosigkeit und der raschen Ernüchterung nach den hohen Erwartungen an die Wende konfrontiert. In der Folge war die Bundesrepublik mit steigendem Rechtsextremismus konfrontiert, der sich in zahlreichen Brandanschlägen und Gewalt gegen Flüchtlinge niederschlugen. Rostock-Lichtenhagen, Hünxe, Mölln und Eberswalde werden bis heute mit Anschlägen und Gewalttaten assoziiert und dienen in der heutigen Debatte als mahnende Beispiele gegen die erneut aufkeimende und zunehmend offenkundig geäußerte Ablehnung gegen Flüchtlinge. Die von Helmut Kohl versprochenen „blühenden Landschaften" blieben dabei zum größten Teil aus. Unterschiede zwischen Ost- und Westdeutschen bestehen bis heute als Folge des Aufeinandertreffens unterschiedlicher Sozialisationen(vgl. Maxwill 2015). Sie werden im Folgenden genauer ausgeführt.

3.6 Langzeitwirkung des Kalten Krieges

Obwohl der Kalte Krieg mit dem Zerfall der Sowjetunion zu Ende ging, wirken sich auch 25 Jahre nach dem Mauerfall bestimmte Ereignisse und Aspekte des Kalten Krieges noch auf die Welt und damit auch die Bundesrepublik Deutschland aus. Hervorzuheben ist neben dem nach wie vor bestehenden Ost-West-Gefälles und damit einhergehender gesellschaftlicher Unterschiede zwischen West- und Ostdeutschland auch die aktuelle Flüchtlingskrise, die die Bundesrepublik voraussichtlich auf längere Zeit beschäftigen wird. Beide genannten Aspekte sollen im Folgenden betrachtet werden.

3.6.1 Das Ost-West-Gefälle und gesellschaftliche Unterschiede

Der Fall der Mauer, der Untergang der Sowjetunion und das Ende des Kalten Krieges ebneten den Weg für ein Ereignis, das in der Bundesrepublik Deutschland zwischenzeitlich bereits als Illusion abgestempelt wurde: Die Wiedervereinigung. Im Zuge des Mauerbaus hatten sich zwei deutsche Systeme etabliert, in der sich politische und gesellschaftliche Unterschiede über Jahre hinweg manifestiert hatten. Mit dem plötzlichen Fall der Mauer und der Wiedervereinigung trafen diese beiden Systeme aufeinander. Ost- und Westdeutschland waren von nun an eins. Die Unterschiede blieben. Bis heute bestehen zwischen der ehemaligen Bundesrepublik und den neuen Bundesländern Unterschiede, die sich auf verschiedenen Ebenen äußern. Unter dem Begriff "Ost-West-Gefälle" werden vor allem diejenigen Unterschiede aufgegriffen, die die Rückständigkeit des Ostens im Gegensatz zu Westdeutschland betreffen.

So verdienten laut der gewerkschaftsnahen Hans-Böckler-Stiftung die Menschen in Ostdeutschlands auch 21 Jahre nach dem Mauerfall, im Jahr 2011, im Schnitt immer noch 17 % weniger als die Arbeitnehmer im Westen, obwohl sich die tariflichen Grundvergütungen im Osten auf 96 % des Westniveaus angenähert hätten. Weit größere Einkommensrückstände gebe es bei nicht tariflich bezahlten Arbeitnehmern. Ein weiterer Unterschied zwischen West und Ost, der auf die Teilung und Wiedervereinigung Deutschlands zurückzuführen ist, ist die Tatsache, dass im Osten die Altersarmut wesentlich höher ist als im Westen. Im Zuge der Wiedervereinigung seien zu Beginn der 1990er Jahre viele Ostdeutsche arbeitslos geworden und hätten im Anschluss keine richtige Arbeit mehr gefunden. Dies wirke sich nun in Form der gestiegenen Altersarmut aus(vgl. Deutscher Auslands-Depeschendienst GmbH 2011). Die hohe Arbeitslosigkeit war dabei eine Folge des Anpassungsprozesses an das Westniveau. Produkte aus der DDR fanden nach der Wende keine Abnehmer auf dem Weltmarkt, da diese veraltet oder überteuert waren. Außerdem waren zur Verschleierung der Arbeitslosigkeit im Sozialismus viele Betriebe überbesetzt(vgl. Schwenn 2010). Im Jahr 2005 war der Anteil der von materieller Armut betroffener Menschen im Osten doppelt so hoch wie in Westdeutschland. Die Armutsquote betrug in Ostdeutschland 22,2 %, im Westen 11%. Die Selbsteinschätzung der Menschen ist geprägt von derartigen Zahlen. So nahmen 94 % der Ostdeutschen an, dass sich die Situation für die einfachen Leute noch verschlechtern würde. Insgesamt schnitt der Osten auch in den Punkten Lebenszufriedenheit, Zukunftserwartungen und soziale Sicherung schlechter ab als die alten Bundesländer(vgl. Oswald 2010). Doch nicht nur wirtschaftlich bestehen nach wie vor Unterschiede zwischen Ost und West, auch gesellschaftlich zeigen sich teilweise große Differenzen zwischen den einst unterschiedlichen Systemen. Oft wird hierbei das Vorurteil des „braunen Osten" bedient. Es darf dabei jedoch nicht außer Acht gelassen werden, dass es auch in Westdeutschland Ressentiments und Gewalt gegen Ausländern gibt. Rechtsextremismus ist folglich kein reines Problem der neuen Bundesländer. Allerdings ist eine Tendenz auszumachen, die sich wie folgt äußert. Nach Angaben der Bundesregierung wurden 47 Prozent der als rassistisch motiviert eingestuften Übergriffe in Ostdeutschland registriert. Jedoch leben hier nur 17 Prozent der Gesamtbevölkerung und der Anteil von Migranten ist wesentlich geringer als im Westen. Im ersten Halbjahr 2015 fielen laut Bundesregierung von den 202 Übergriffen auf Asylbewerber oder deren Unterkünfte rund 60 Prozent auf die ostdeutschen Bundesländer(vgl. Reimann 2015). Doch ist hierbei zu beachten, dass sich in dieser Hinsicht kein homogenes Bild von Ostdeutschland zeichnen lässt. Denn 42 Prozent dieser bundesweit verübten Delikte gegen Flüchtlinge fanden in Sachsen statt. Auch die Pegida-Bewegung hat ihre Wurzeln in Sachsen. Ein weiterer Brennpunkt im Hinblick auf Fremdenfeindlichkeit ist jedoch das in Westdeutschland befindliche Dortmund, wodurch einmal mehr das Vorurteil eines rein ostdeutschen Problems widerlegt wird(vgl. ebd.). Nicht verleugnet werden kann dabei jedoch, dass Fremdenfeindlichkeit im Osten ausgeprägter ist als im Westen. Als Gründe werden hierfür die hohe Arbeitslosigkeit, Hoffnungslosigkeit und die mangelnde Erfahrung mit Demokratie nach der Wende angeführt(vgl. ebd.). Die hohe Arbeitslosigkeit wurde bereits im Vorhergehenden als direkte Folge der wirtschaftlichen Rückständigkeit der DDR ausgeführt. Nach Poutrus, Behrends und Kuck liegen viele historische Ursachen der Fremdenfeindlichkeit in den neuen Bundesländern in gesellschaftlichen Mechanismen der DDR. Ein angeführter Grund ist hierbei die patriotische

Erziehung in der DDR, die die kritiklose Überhöhung des Eigenen förderte. Die eingeschränkte Reisefreiheit in der DDR führte zudem zu einem eingeschränkten Erfahrungshorizont mit dem Fremden, der sich wiederum auch auf den Umgang mit Ausländern in der DDR niederschlug. Kontakt mit Ausländern stellte ein Sicherheitsrisiko für die SED-Diktatur dar. Gastarbeiter, etwa aus Vietnam, wurden daher in Wohnheimen abgeschottet, Kontakt mit Einheimischen fand nicht statt. Stattdessen verbreiteten sich beispielsweise Gerüchte zur Bezahlung der Gastarbeiter aus Solidaritätsbeitragen der DDR-Bürger, wodurch das Misstrauen der Bürger gegenüber der Gastarbeiter wuchs(vgl. Poutrus u.a. 2002). Ein weiterer Unterschied zwischen West- und Ostdeutschland liegt in der Zugehörigkeit zu einer Religionsgemeinschaft. Deren Unterdrückung und die Förderung des Atheismus in der DDR schlägt sich heute in der Tatsache nieder, dass mehr als drei Viertel der Bevölkerung in Ostdeutschland keiner Religionsgemeinschaft angehören(vgl. Maxwill 2015). Auch im Hinblick auf grundlegende und miteinander konkurrierende Werte wie Freiheit, Gleichheit und Sicherheit gibt es Unterschiede zwischen West- und Ostdeutschen, die wohl auf den unterschiedlichen Sozialisationen in verschiedenen Systemen basieren. So zeigte die Allensbach-Studie, dass bei der Frage, ob im Zweifel die Freiheit oder Gleichheit im Sinne sozialer Gerechtigkeit höher eingeschätzt würde, in Westdeutschland 49 Prozent der Befragten die Freiheit der Gleichheit vorziehen. In den alten Bundesländern gaben die Befragten der Gleichheit mit 57 Prozent den Vorsprung. Die Studie konnte dabei jedoch eine Angleichung der Wertvorstellungen feststellen. Besonders deutlich zeigt sich dies an der jungen Generation. In Ostdeutschland stimmen demnach 56 Prozent der unter 30-Jährigen eher dem Satz „Jeder ist seines Glückes Schmied" als „Die einen sind oben, die anderen sind unten" zu und stellen damit indirekt die Freiheit über die Gleichheit, während dies in Westdeutschland nur bei 52 Prozent der Befragten der Fall ist(vgl. Herbert Quandt-Stiftung 2012).

Es zeigen sich in der Gesamtschau somit nach wie vor diverse Unterschiede zwischen Ost- und Westdeutschland, deren Wurzeln in der Teilung in Folge des Kalten Krieges zu verorten sind. Obwohl einige Aspekte gravierende Unterschiede zeigen, finden an anderer Stelle die zunehmende Annäherung und der Schwund von Differenzen statt.

3.6.2 Die Flüchtlingskrise, ein gesellschaftliches Schlüsselproblem

Wie bereits erwähnt, marschierte die Sowjetunion gegen Ende des Kalten Krieges zur Unterstützung des sozialistischen Staatsstreichs in Afghanistan ein. Der

Aufbau der Al-Quaida als Maßnahme der USA zur Bekämpfung der Roten Armee sollte sich spätestens bei den Terroranschlägen des 11. September 2001 rächen. Die Bundesrepublik Deutschland steht mit dem Flüchtlingsstrom 2015 als Spätfolge der durch den Kalten Krieg verursachten Instabilität des Nahen Ostens vor einem gesellschaftlichen Schlüsselproblem. Afghanistan und Pakistan zählen zu den wichtigsten Herkunftsländern der Menschen, die in Europa und Deutschland Asyl suchen(vgl. Hanewinkel 2014). Ebenso steht die Entstehung des „Islamischen Staates", der derzeit im syrischen Bürgerkrieg eine Konfliktpartei darstellt, im direkten Zusammenhang mit der Instabilität in Folge der sowjetischen und amerikanischen Interventionen. Syrische Flüchtlinge stehen somit ebenfalls vor den Toren Europas. Es soll an dieser Stelle noch einmal kurz auf die Fluchtursachen eingegangen und im Anschluss die Bedeutung für die Bundesrepublik expliziert werden.

3.6.1.1 Fluchtursachen in Afghanistan, Pakistan und Syrien

Als nach diversen politischen Umbrüchen in Afghanistan ab 1978 die prosowjetische kommunistische Demokratische Volkspartei regierte, war dies Anlass für islamistische Guerillakämpfer und Großgrundbesitzer zur Rebellion. Nach und nach geriet das Land in einen Bürgerkrieg, in den zu Weihnachten 1979 die Sowjetunion eingriff. Mit rund 40.000 Soldaten überquerte die Rote Armee die Grenze nach Afghanistan, um die kommunistischen Kräfte zu unterstützen. Der Widerstand in Afghanistan bestand hauptsächlich aus den Mudschahidin, was übersetzt „die, die den Heiligen Krieg ausüben" bedeutet. Sie formierten sich entsprechend um religiöse Führer und entstammten vorwiegend aus dem Grenzgebiet zu Pakistan und aus arabischen Staaten. Unterstützt wurde der Widerstand innerhalb Afghanistans vor allem durch die CIA in Form von Waffen und Geld. Die Hilfszahlungen der USA beliefen sich während des Krieges auf rund drei Milliarden US-Dollar. Afghanistan entwickelte sich zu einem der wichtigsten Schauplätze des Kalten Krieges(vgl. Bundeszentrale für politische Bildung 2014). Auch nach dem Abzug der sowjetischen Truppen wurden die Konfliktparteien in Afghanistan von den beiden Supermächten USA und UdSSR unterstützt. Sowohl die militärische als auch die finanzielle Unterstützung dürften dabei zur Destabilisierung der Region beigetragen haben(vgl. ebd.). Nachdem die USA selbst über Jahre hinweg die Al-Quaida unterstützt hatten, richtete sich die Terrororganisation im Jahr 2001 schließlich gegen die USA und sorgte mit dem Terroranschlag auf das World Trade Center für weltweite Aufmerksamkeit. Mit dem darauf folgenden Militäreinsatz der USA wurde zwar die Herrschaft der Al-Quaida in Afghanistan beendet, jedoch wurde durch zusätzliche und erneute Destabilisierung der Region der Nährboden für weitere radikale Kräfte geschaffen(vgl. ebd.). So zählen heute, wie bereits erwähnt, Afghanistan und Pakistan zu den wichtigsten Herkunftsländern von Flüchtlingen in Europa. In Afghanistan ist dies vor allem auf die politische Instabilität in Folge des jahrzehntelangen Krieges zurückzuführen. Dieser Krieg der USA gegen den Terrorismus ist dabei letztlich auf den Anschlag einer Terrororganisation zurückzuführen, die von den USA selbst bewaffnet und finanziell unterstützt wurde, um das Machtgleichgewicht im Kalten Krieg sicherzustellen. Das Ziel, durch internationale Missionen die Stabilisierung und Befriedung des Landes herzustellen, ist gescheitert, die Menschenrechtssituation im Land wird als prekär eingestuft. Human Rights Watch und Amnesty International berichten regelmäßig von der unzureichenden Umsetzung der Menschenrechtsstandards in Afghanistan. 2013 lebten aufgrund derartiger Zustände weltweit 2,56 Millionen afghanische Flüchtlinge außerhalb ihres Herkunftslandes und führten damit vor Syrien und Somalia die Rangliste der wichtigsten Herkunftsländer an. In der EU stellten im Jahr 2013 insgesamt 26.200 Afghanen einen Asylantrag(vgl. Hanewinkel 2014).

Die Ursprünge des Islamischen Staates, dessen Regime in Syrien eine nicht unerhebliche Fluchtursache darstellt, liegen ebenfalls vor allem in der von den USA im Rahmen des Kalten Krieges unterstützen Al-Quaida(vgl. Bilal 2015). Die extremste Erscheinungsform der gegenwärtigen jihadistischen Organisationen im Nahen Osten ist der „Islamische Staat“. Er Entstand als Reaktion auf den von den USA geführten Irak-Krieg und die damit einhergehende Besetzung des Landes. Der IS entwickelte sich aus einer regionalen Zweigstelle der Al-Quaida im Irak, die zunächst als „Islamischer Staat im Irak und Syrien“ ihren territorialen Anspruch noch begrenzte. Mit der Bezeichnung „Islamischer Staat“ ist diese territoriale Begrenzung in der aktuellen Ausformung entfallen(vgl. ebd.). Seit dem Beginn des Bürgerkriegs zwischen unterschiedlichen Rebellengruppen, wobei Al-Quaida und dessen Ableger ISIS federführend sind, und den Truppen von Präsident Baschar al-Assad, sind nach Angaben des Bundesinnenministeriums seit 2011 bis Juli 2015 etwa 137.000 syrische Staatsbürger nach Deutschland eingereist. Ungefähr 32.500 Flüchtlinge kamen dabei im ersten Halbjahr 2015 in die Bundesrepublik. Syrien belegt damit den ersten Platz in der Liste der Herkunftsländer von Flüchtlingen in Deutschland(vgl. Mediendienst Integration o.J.). Die Fluchtursache ist hierbei wiederum aus einem Prozess hervorgegangen, der mit der Bewaffnung und finanziellen Unterstützung der Al-Quaida zum Zweck der Schwächung der Sowjetunion initiiert wurde. Es zeigt sich hierbei, dass bestimmte politische Handlungen eine ungewünschte Langzeitwirkung von schwer abzuschätzenden Folgen haben können. Es muss jedoch auch erwähnt werden, dass ein Großteil der Instabilität der letzten Jahre nicht mehr im Rahmen des Kalten Krieges stattfand, etwa die Reaktionen der USA auf die Terroranschläge des 11. Septembers. Jedoch darf nicht vergessen werden, dass deren Ursachen wiederum im Kalten Krieg zu verorten sind und daher eine Kausalitätskette entstand, die zu den aktuellen Ereignissen führte. Außerdem muss beachtet werden, dass mit dem Untergang der Sowjetunion zwar der Kalte Krieg endete, jedoch die Handlungsmuster der Staaten USA und Russland nicht völlig neu definiert wurden. Weiterhin ging es den Nationen um geopolitische Macht und Einfluss im Nahen Osten, sodass die gewählten Maßnahmen durchaus noch die Handschrift des Kalten Krieges tragen. Pakistan folgt unmittelbar auf Syrien in der Liste der wichtigsten Herkunftsländer in der EU und belegt damit den fünften Platz. Im Jahr 2013 stellten 20.815 pakistanische Staatsangehörige einen Asylantrag in der EU. Die häufigsten Fluchtursachen sind dabei neben Naturkatastrophen vor allem innerstaatliche Konflikte. Diese bestehen hauptsächlich aus bewaffneten Auseinandersetzungen zwischen der Regierung und der radikalislamischen Taliban. Durch die Aktionen der Taliban ist die innere Sicherheit Pakistans massiv bedroht. Auch in Pakistan wird die Menschenrechtslage als prekär eingestuft. Aufgrund der innerlichen Machtkonflikte wird ein Staatszerfall von internationalen Beobachtern befürchtet. Von Gewalt gegen Frauen und rechtswidrigen Hinrichtungen wird seit Jahren von Amnesty International und Human Rights Watch berichtet(ebd.). Die maßgeblich für die Instabilität und Menschenrechtsverletzungen verantwortliche Taliban ist wiederum ein Produkt des Kalten Krieges. Sie entstand in den frühen 1990er Jahren unter anderem aus afghanischen Kriegsveteranen, die unterstützt von den USA gegen die Sowjetunion gekämpft hatten(vgl. Steinberg 2011).

Es zeigt sich in der Betrachtung dieser Beispiele aus dem Nahen Osten, dass die Instabilität der Staaten, die jahrelang der perfekte Nährboden für radikale Kräfte war, aus dem Ringen der Supermächte um Einfluss in dieser Region resultierte. Erschwerend hinzu kommt der direkte Einfluss, den die USA auf radikalislamische Organisationen wie die Al-Quaida genommen hat, um zu verhindern, dass prosowjetische Kommunisten in Afghanistan an die Macht kamen. Der Kalte Krieg kann somit durchaus als Wurzel für die heute stattfindende Flüchtlingskrise angesehen werden. Auch Maßnahmen im Rahmen des Kalten Krieges dürfen nicht außer Acht gelassen werden. Inwiefern diese Krise aktuell die Bundesrepublik Deutschland berührt und sie somit zu einem „Kind des Kalten Krieges" macht, wird im Folgenden ausgeführt.

In Deutschland entwickelt sich der Flüchtlingsstrom zunehmend zu einem gesellschaftlichen Schlüsselproblem. Neben der Bewältigung der humanitären Hilfsleistung, die in Folge überfüllter Erstaufnahmelager und dadurch entstehende Eskalationen keinesfalls als reibungslos oder gar gesichert bezeichnet werden kann, ist das Land mit einer Reihe weiterer Probleme durch die Flüchtlingskrise konfrontiert. So gewinnen beispielsweise rechtsgerichtete Organisationen zunehmend an Zuspruch. Ressentiments gegen Flüchtlinge werden geschürt und die „Patriotischen Europäer gegen die Islamisierung des Abendlandes" finden trotz stellenweiser offen rassistischer Äußerungen ihrer Organisatoren nicht nur in rechtsextremen Kreise Zuspruch. Im Zuge der Flüchtlingskrise, der mit gezielt verbreiteten Falschinformationen in sozialen Netzwerken zusätzlich Brisanz verliehen wird, scheint rechtes Gedankengut wieder vermehrt in die Öffentlichkeit zu treten und auch dankende Abnehmer zu finden. Im Gegenzug bemühen sich Akteure unterschiedlichster Couleur um Versachlichung der anhaltenden Diskussion. Die Supermarktkette „Real" bezog dabei im September 2015 Stellung und räumte im Internet geschürte Gerüchte aus. So sei weder die Zahl der Diebstähle in den Filialen im Zuge der Flüchtlingskrise gestiegen noch würden Diebstähle von Flüchtlingen bis 50 € Warenwert toleriert. Auch würden weder Gutscheine an Flüchtlingsfamilien verteilt noch Vorzugsbehandlungen vorgenommen(vgl. Kolf 2015). Derartige Gerüchte mehren und verbreiten sich in sozialen Netzwerken und scheinen die Vorurteile und Ängste vieler Menschen zu bestätigen, die diese wiederum in die Arme rechter Organisationen und Parteien treibt. Die umstrittene Partei Alternative für Deutschland vollzog dabei im Juli 2015 einen massiven Rechtsruck, in dessen Folge der einstige Initiator der Partei, Bernd Lucke, seinen Austritt erklärte, um nicht weiterhin als Aushängeschild für latente und auch offenkundige islam- und ausländerfeindliche Ansichten zu dienen(vgl. Lucke 2015). Der neue Sprecher der AfD-Thüringen, Bernd Höcke, warnte auf einer Kundgebung der PEGIDA kürzlich vor der Gefahr für „blonde Frauen", die im Zuge der Migration entstünde. Eine Partei, die sich mit diesen tendenziell politisch rechts gerichteten Äußerungen schmückt, erhält in Umfragen im November 2015 zwischen 5 und 10 Prozent Zustimmung bei der traditionellen Sonntagsfrage(vgl. Zicht/Cantow 2015). Es zeigt sich folglich die Tendenz eines Rechtsrucks in der Bundesrepublik, die im Zuge der Berichterstattung zur Flüchtlingskrise festgestellt werden kann. Im Gegenzug ist jedoch auch die Welle der Solidarität für die Flüchtlinge zu erwähnen, die sich in unzähligen freiwilligen Helfern in Notunterkünften äußert. Die Gesellschaft scheint sich im Hinblick auf Solidarität und Hilfsbereitschaft auf der einen Seite und Ablehnung gegenüber Fremden auf der anderen Seite zu spalten.

Nach den Terroranschlägen in Paris am 13.11.2015 wurde bekannt, dass wohl mindestens einer der Attentäter im Flüchtlingsstrom über Griechenland in die EU einreiste. Obwohl zwischen Flüchtlingen und Terroristen kein Kausalzusammenhang hergestellt werden kann, befeuert diese Information erneut Ressentiments gegen Flüchtlinge, auch in Deutschland(vgl. Diehl/Reimann 2015). Inwiefern sich die Anschläge des IS in Frankreich langfristig auf die Bundesrepublik auswirken werden, kann derzeit noch nicht abgeschätzt werden. Doch zeigt sich, dass die Untaten des IS, der als Folge des Aufbaus der Al-Quaida und der Destabilisierung des Nahen Ostens im Kalten Krieg angesehen werden muss, längst in Europa angekommen sind und damit eine Spätfolge des Kalten Krieges ganz konkret bis heute in Europa und folglich auch in Deutschland nachwirkt.

3.7 Die deutsche Rolle zwischen den USA und Russland in der aktuellen Politik

Das potentielle Wiederaufleben des Kalten Krieges ist bereits thematisiert worden. Auch das Verhalten der Bundesregierung in der neuen Konfrontation ist, auch wenn es sich dabei nicht direkt um einen neuen Kalten Krieg handelt, von den Ereignissen des ursprünglichen Kalten Krieges beeinflusst. Ein aktuelles Beispiel, das dies besonders gut verdeutlicht, ist die unterschiedliche Einschätzung der Bundesregierung bezüglich der Modernisierung von US-amerikanischen Atomwaffen auf deutschem Boden und der Neuanschaffung von russischen Atomraketen durch Präsident Putin. Auf der Militärmesse in Kubinka hatte Wladimir Putin angekündigt, das russische Atomarsenal um mehr als 40 Interkontinentalraketen aufzustocken. Die Anschaffung solle noch 2015 erfolgen, ließ der Präsident verlauten. NATO-Generalsekretär Jens Stoltenberg reagierte umgehend auf die Ankündigung und bewertete das „nukleare Säbelrasseln" als ungerechtfertigt, destabilisierend und gefährlich. Auch der deutsche Außenminister Frank-Walter Steinmeier bezeichnete die Aufstockung des strategischen Raketenarsenals als unnötig. Zudem sei dies kein Beitrag zur Stabilität und Entspannung in Europa. Weiterhin sprach er im Hinblick auf den Kalten Krieg von alten Reflexen, die sich bis in die heutige Zeit überlebt hätten und die, wenn man ihnen nachgebe, zu einer beschleunigten Eskalationsspirale der Worte und Taten führen würden(vgl. Weiland 2015). Unter ganz anderen Gesichtspunkten wird die Modernisierung der in Deutschland stationierten US-amerikanischen Atomwaffen von der Bundesregierung kommentiert. Für die Stationierung neuer amerikanischer Atombomben auf dem Bundeswehr-Fliegerhorst Büchel in Rheinland Pfalz sah der US-Haushaltsplan 2015 Gelder für die Luftwaffe vor. Die neuen taktischen Nuklearwaffen sollen dabei wesentlich zielgenauer sein als die bisher dort gelagerten Modelle(vgl. Klar/Stoll 2015). Die Aussagen der Bundesregierung hierzu entbehren nicht einer gewissen Doppelmoral. Auf der Bundespressekonferenz vom 17.Juni 2015 bezeichnete der Sprecher des Auswärtigen Amtes, Dr. Martin Schäfer, die Modernisierung der US-amerikanischen Atomwaffen nicht als politischen, sondern als einen technischen Vorgang(vgl. Jung 2015). Zudem wurde der Abzug sämtlicher Atomwaffen aus Büchel bereits im Koalitionsvertrag 2009 festgeschrieben und nicht umgesetzt, womit ein klarer Vertragsbruch vorliegt(vgl. Klar/Stoll 2015). Dabei wird durch die Presse sogar kritisch hinterfragt, ob die Modernisierung mit einer Aufrüstung einhergeht und damit eine Verletzung des Atomwaffensperrvertrages vorliegt(vgl. Jung 2015). Allerdings spielt dies für das gezeigte Verhalten der Bundesregierung letztlich keine große Rolle, denn obwohl man sich bereits 2009 gegen den Abzug sämtlicher Atomwaffen aussprach, wird im Jahr 2015 die Modernisierung und potentielle Aufrüstung des ehemaligen Verbündeten im Kalten Krieg gebilligt, während die Aufrüstung des ehemaligen Gegners verurteilt wird. Die These der Bundesrepublik als Kind des Kalten Krieges findet somit erneut und in einem hoch aktuellen Kontext Bestätigung.

4. Deutschland und der Kalte Krieg in didaktischer Hinsicht

Das zugrundeliegende Thema erweist sich als überdurchschnittlich komplex und doch gleichzeitig als essentiell, um viele verschiedene Aspekte der Geschichte der Bundesrepublik Deutschland sowie der aktuellen Politik zu verstehen. Es entbehrt somit nicht einer gewissen Schwierigkeit, das Themenfeld unterrichtlich aufzubereiten und für Schülerinnen und Schüler der Sekundarstufe I verständlich zu präsentieren. Im Kanon der Politikdidaktik finden sich verschiedene Theorien und Modelle, die die Lehrenden hierbei mehr oder weniger praxisnah unterstützen sollen. Im unmittelbar folgenden Schritt wird zunächst eine Einordnung des Themas in den neuen Bildungsplan vorgenommen. Danach wird der gesamte Themenkomplex der didaktischen Analyse nach Klafki unterzogen. Im Anschluss daran wird ein für eine Unterrichtseinheit geeignetes Thema herausgegriffen und mit der methodenorientierten Politikdidaktik aufbereitet. Es folgt eine allgemeine didaktische Reflexion.

4.1 Einordnung in den Bildungsplan

Mit der Abschaffung der Fächerverbünde in Baden-Württemberg wird Politik wieder als Gemeinschaftskunde an allen allgemeinbildenden Schulen unterrichtet. Im Zuge dieser Rückkehr zum alten System arbeitet das Ministerium für Kultus, Jugend und Sport an einem neuen Bildungsplan. Im Hinblick auf die Einführung der Gemeinschaftsschule ist der Inhalt des Bildungsplans für die Sekundarstufe I für alle allgemeinbildenden Schulen gleich. Die drei unterschiedlichen Niveaustufen unterscheiden sich darin im Großen und Ganzen nur durch die verwendeten Operatoren und das Maß der Eigenständigkeit, das von den Schülerinnen und Schülern bei der Bearbeitung von Themen vorausgesetzt wird. Der neue Bildungsplan zeichnet sich vor allem durch eine hohe Kompetenzorientierung aus. Konkrete Inhalte werden unter übergeordneten Themengebieten zusammengefasst. So fällt die Kompetenz, Ursachen von Zuwanderung nach Deutschland beschreiben zu können, unter den Themenbereich „Zuwanderung nach Deutschland(vgl. Ministerium für Kultus Jugend und Sport 2015 b), was wiederum in den übergeordneten Bereich „Gesellschaft" der Klassen 7, 8 und 9 fällt(vgl. Ministerium für Kultus, Jugend und Sport 2015 a). Der Kalte Krieg als solcher und wie er sich auf die Entstehung der Bundesrepublik Deutschland ausgewirkt hat und bis heute auswirkt, findet als konkreter Inhalt keine Erwähnung im Bildungsplan, allerdings lässt sich das Themenfeld auf vielfältige Art und Weise mit den vorgegebenen Kompetenzen in Verbindung bringen. Bei der Thematisierung der europäischen Union soll beispielsweise die Kompetenz vermittelt werden, erläutern zu können, wie die Entscheidungen der EU das tägliche Leben der EU-Bürger beeinflussen(vgl. Ministerium für Kultus, Jugend und Sport 2015 c). Um hiervon überhaupt ein rudimentäres und vor allem nachhaltiges Verständnis zu erhalten, muss für die Schülerinnen und Schüler zunächst nachvollziehbar sein, warum die europäischen Staaten überhaupt staatliche Souveränitätsrechte an die EU veräußern. Im Zuge dieser Thematisierung kann der Kalte Krieg angesprochen werden, dabei vor allem der Zustand der Spannung zwischen den Blöcken der Supermächte und die Entstehung der Europäischen Union in diesem Spannungsfeld. Zwingend notwendig wird die Thematisierung der hier vorgestellten Sachverhalte bei der Bearbeitung des unterrichtlichen Themenbereichs „Zuwanderung nach Deutschland". Hierbei sollen die Schülerinnen und Schüler die Kompetenz erhalten, Ursachen von Zuwanderung nach Deutschland zu beschreiben(vgl. Ministerium für Kultus, Jugend und Sport 2015 b). Die bereits beschriebenen Mechanismen des Kalten Krieges, die das heutige Schlüsselproblem der Bundesrepublik Deutschland, die Flüchtlingskrise, mitverursacht haben, sind hierfür essentielle Informationen, die für das Verstehen der Situation im Nahen Osten und damit für die Hauptursache des Flüchtlingsstroms erforderlich sind. Die aktuelle Flüchtlingskrise dient auch in der Beschreibung eines möglichen unterrichtlichen Vorgehens als Aufhänger für die Thematisierung des Kalten Krieges und seines Einflusses auf die Entstehung der Bundesrepublik Deutschland.

4.2 Didaktische Analyse nach Klafki

Es stellt sich nun die Frage, inwiefern sich das hier vorgestellte Themenfeld für die Behandlung im Unterricht eignet. Die didaktische Analyse nach Klafki eignet sich auf Grund ihres fächerübergreifenden Anspruchs, um die grundsätzliche unterrichtliche Eignung des vorliegenden Themenkomplex zu überprüfen. Die von Klafki formulierten Fragen, die zur Legitimation der Thematisierung von Unterrichtsinhalten führen sollen, sind folglich allgemein formuliert und nicht zwangsläufig typisch für den Politikunterricht(vgl. Retzmann 2009). Aus diesem Grund erfolgt in einem nächsten Schritt auch eine fachdidaktische Analyse eines expliziter formulierten Themas. Laut Klafki soll mit Hilfe der didaktischen Analyse überprüft werden, welcher Bildungsgehalt in den Unterrichtsinhalten stecken könnte(vgl. Seidel/Alfter o.J.). Unterzieht man die Geschichte des Kalten Krieges und die Entstehung der Bundesrepublik Deutschland im Spannungsfeld zwischen West und Ost der didaktischen Analyse nach Klafki, so muss nach der Gegenwartsbedeutung, der Zukunftsbedeutung und der exemplarischen Bedeutung des Themenkomplexes gefragt werden. Auch die Miteinbeziehung von Schülerinteressen ist nach Klafki von Relevanz(vgl. Schart 2007).

4.2.1 Gegenwartsbedeutung

Es lassen sich laut Klafki bestimmte Leitfragen in Bezug auf die Gegenwartsbedeutung eines unterrichtlichen Gegenstandes stellen. So zum Beispiel nach der Bedeutung, die der betreffende Inhalt oder die an diesem Thema zu gewinnende Erfahrung, Erkenntnis, Fähigkeit oder Fertigkeit bereits jetzt im Leben der Schülerinnen und Schüler hat. Außerdem stellt sich die Frage, welche Bedeutung der Inhalt vom pädagogischen Gesichtspunkt aus gesehen haben sollte. Konkret sollte sich die Lehrperson also fragen, ob das gewählte Thema bereits durch Fragen der Kinder aufgeworfen worden ist. Es sollte beachtet werden, welche Interessen und Bedürfnisse der Schülerinnen und Schüler durch das Thema berührt werden. Es muss differenziert werden, ob das Thema der Lerngruppe bereits durch außerschulische Erfahrungen bekannt ist oder nicht, also ob es erst in den Fragehorizont der Schülerinnen und Schüler gebracht werden muss. Zu guter Letzt stellt sich die Frage, von welchen Aspekten aus die Kinder bereits einen Zugang zu gewählten Thema haben und welche noch fremd sind(vgl. Seidel/Alfter o.J.). Für den Themenkomplex „Die Bundesrepublik Deutschland als Kind des Kalten Krieges" lässt sich somit eine große Gegenwartsbedeutung ausmachen. So handelt es sich bei der Bundesrepublik letztlich um das Land, in dem die Schülerinnen und Schüler leben, welches durch den Kalten Krieg derart geprägt wurde, dass es sich heutzutage so darstellt, wie es ist. Die Entstehung der Bundesrepublik im Spannungsfeld zwischen West und Ost wirkt sich dabei ebenso auf die Gegenwart aus wie die Korea- und Suezkrise als Motor für die europäische Integration. Gesellschaftliche Umbrüche und Wertewandel in Folge der 68er-Bewegung, welche durch den Vietnamkrieg als Stellvertreterkrieg zwischen den USA und der Sowjetunion geprägt wurde, haben bis heute Bestand. Auch die im Vorangegangenen beschriebenen Langzeitwirkungen des Kalten Krieges betreffen die Kinder unmittelbar und sogar aktuell. Derartige Hintergründe sollten durchaus bekannt sein, um ein differenzierteres Bild von der eigenen Umwelt zu erhalten und um ein tieferes Verständnis bezüglich des Weltgeschehens zu erlangen. Es ist anzunehmen, dass sich konkrete Fragen zum Kalten Krieg und wie er sich auf die Bundesrepublik Deutschland ausgewirkt hat, in der Regel bisher nicht im Fragehorizont von Kindern und Jugendlichen jeglicher Schulform vorkommen. Umgekehrt ist es jedoch wahrscheinlich, dass Kinder und Jugendliche auch auf Haupt- und Realschulen sich Fragen zu gesellschaftlichen und politischen Ereignissen und Phänomenen stellen, die auf das vorgestellte Themengebiet zurückzuführen sind. Etwa, warum Deutschland nach den Verbrechen der Nationalsozialisten relativ zügig den Weg zurück in die Staatengemeinschaft fand. Auch die Frage, wieso es scheinbar plötzlich derartig viele Flüchtlinge zu geben scheint, dürfte sich den Kindern und Jugendlichen aufdrängen. In diesem Fall kann mit der Aufarbeitung der Geschehnisse in Afghanistan während des Kalten Krieges ein tieferes Verständnis für die aktuelle Situation aufgebracht werden, was im Sinne des Politikunterrichts steht. Auch die deutsche Rolle in der aktuellen Politik zwischen den USA und Russland, die durch die lange Phase des Kalten Krieges geprägt wurde und in der sich ein Großteil der Geschichte der Bundesrepublik abspielte, ist für den Gegenwartsbezug des Themas von Bedeutung. Beispielsweise bestätigt die unterschiedliche Haltung der Bundesregierung gegenüber der Modernisierung von sowjetischen und US-amerikanischen Atomraketen einmal mehr die These von der Bundesrepublik Deutschland als Kind des Kalten Krieges. Die Interessen und Bedürfnisse bezüglich des gewählten Themas werden also auf vielfältige Art und Weise berührt. Auch ein tagesaktueller Bezug kann hergestellt werden, womit die Gegenwartsbedeutung der Thematik letztendlich auf der Hand liegt.

4.2.2 Zukunftsbedeutung

Die Leitfragen, die sich zur Zukunftsbedeutung eines unterrichtlichen Gegenstandes laut Klafki stellen, orientieren sich unter anderem daran, ob dieser eine lebendige Stellung im Leben der Kinder und Jugendlichen einnimmt. Es stellt sich die Frage, ob sich begründen lässt, dass das Thema eine Bedeutung im Leben der Lerngruppe erhalten wird oder erhalten müsste. Es sollte geprüft werden, ob den Schülerinnen und Schülern die Zukunftsbedeutung des Gegenstandes bereits bewusst ist oder ob ihnen dies eröffnet werden kann. Ist es für die Kinder schwer einsehbar, dass das Thema eine gewisse Zukunftsbedeutung innehat, so muss dies zunächst alleine von der Lehrkraft verantwortet werden. Zu guter Letzt sollten sich Lehrerinnen und Lehrer fragen, ob der gewählte Inhalt einen Beitrag zum Erreichen genereller Zielbestimmungen des Unterrichts leistet, also ob mit ihm etwa Selbstverantwortung oder Mündigkeit vermittelt werden kann(vgl. ebd.).

Die Zukunftsbedeutung des Kalten Krieges und seinem Einfluss auf die Bundesrepublik Deutschland ergibt sich aus Hinterlassenschaften des Kalten Krieges auf der einen Seite und den beschriebenen Situationen, die den Eindruck eines Neuauflebens des Kalten Krieges hinterlassen. Es ist somit nicht gewiss, wie sich die Ereignisse um die Krimkrise weiterentwickeln. Die Lage in Syrien ist weiterhin angespannt. Ob es hier zu Konflikten zwischen den unterschiedlichen Interventionen von US-amerikanischen und russischen Soldaten kommt, steht noch aus. Weiterhin ist die aktuelle Flüchtlingskrise mit ihrem Ursprung im Kalten Krieg als gesellschaftliches Schlüsselproblem eine Situation, deren Ausgang ungewiss ist und die die Bundesrepublik noch auf ungewisse Zeit beschäftigen wird. Es hat sich gezeigt, dass der Kalte Krieg bis heute auf die Bundesrepublik wie den Rest der Welt einwirkt und dies wohl auch in Zukunft tun wird. Die Zukunftsbedeutung des Themas lässt sich hieraus also erschließen. Ebenso wie bei der Gegenwartsbedeutung ist es durchaus fraglich, ob der Kalte Krieg und seine Folgen einen besonderen Platz im Fragehorizont von Kindern und Jugendlichen einnehmen. Doch letztlich werden erneut sowohl gesellschaftliche als auch tagesaktuelle Themenbereiche von der Thematik berührt, sodass die Beschäftigung mit dem Kalten Krieg und seinem Einfluss auf die Bundesrepublik Deutschland vieles verdeutlicht und zu einem tieferen Verständnis führt. Ziele wie Mündigkeit und Selbstverantwortung werden dabei durch die Aufarbeitung der Hintergründe der vom Kalten Krieg beeinflussten Themenbereiche erreicht. Im Hinblick auf die Flüchtlingskrise bewahrt das Wissen um geopolitische Fluchtursachen vor pauschalen Erklärungen für Migration, wie der Vorwurf gezielter Einwanderung in die Sozialsysteme. Außerdem wird durch die Vermittlung von Kompetenzen zur selbstständigen Beschaffung von Hintergrundinformationen, die Mündigkeit der Schülerinnen und Schüler gefördert, da eine Vielzahl von gesellschaftlichen und politischen Ereignissen auf Entstehungen und Kausalitäten hinterfragt werden können.

4.2.3 Exemplarische Bedeutung

Nach Klafki muss bei der didaktischen Analyse auch nach dem exemplarischen Wert eines unterrichtlichen Inhalts gefragt werden. Die Fragen in der Unterrichtsplanung beziehen sich somit auf die allgemeineren Zusammenhänge, Beziehungen, Gesetzmäßigkeiten, Strukturen, Widersprüche und Handlungsmöglichkeiten wie Techniken und Methoden, die sich in der Auseinandersetzung mit dem Inhalt exemplarisch erfassen lassen. Auch die Lehrperson selbst sollte sich dabei hinterfragen. Beispielsweise hinsichtlich der Bedeutung, die die gewählte Thematik für die Lehrperson selbst hat und welche Interessen, Voreinstellungen und möglicherweise Vorurteile bei der Lehrkraft vorhanden sind(vgl. ebd.).

Der Kalte Krieg kann dabei als exemplarisch für eine ideologische Konfrontation von Systemen mit umfassendem und universellem Legitimitätsanspruch angesehen werden, die sich offiziell nicht in Kampfhandlungen niederschlägt. Die

Thematik der Bundesrepublik als Kind des Kalten Krieges zeigt dagegen, wie eine weltpolitische Konstellation sich auf die Entwicklung von Staaten und Gesellschaften niederschlägt und wie sich der Einfluss dieser Konstellation auch in langfristigen Maßstäben auswirkt. Als exemplarisch können auch einzelne Aspekte aus dem gesamten vorgestellten Themenbereich herausgegriffen werden. So kann anhand des atomaren Wettrüstens im Kalten Krieg bei gleichzeitiger Erkenntnis in beiden Staaten, dass sich der Einsatz der Atombombe verbietet, exemplarisch vermittelt werden, welche Rolle Atomwaffen in der modernen Kriegsführung spielen. Weiterhin kann anhand der Flüchtlingskrise nach dem Mauerfall mit ihren erheblichen Parallelen zur aktuellen Flüchtlingskrise exemplarisch verdeutlicht werden, wie ein Staat mit Krisen umzugehen vermag oder wie sich Geschichte wiederholen kann. Exemplarisches Lernen von Methoden und Techniken ergibt sich je nach Gestaltung des Unterrichts und den darin zu vermittelnden Kompetenzen. Pauschal lassen sich hierbei keine speziellen Vorteile der vorliegenden Thematik erkennen.

4.2.4 Schülerinteressen berücksichtigen

Über diesen drei Kategorien der Gegenwarts- und Zukunftsbedeutung sowie der exemplarischen Bedeutung eines Themenbereichs ordnet Klafki die Einbeziehung der Schülerinteressen an, was sich stets in den Leitfragen der für die didaktische Analyse ausgewählten Kategorien niederschlägt. Die Berücksichtigung der Bedürfnisse und Interessen der Kinder bei den Leitfragen der Gegenwartsbedeutung eines Themengebietes verdeutlicht dies ebenso wie die Frage nach der lebendigen Stellung des Gegenstandes im Leben der Kinder bei der Analyse der Zukunftsbedeutung eines Themas(vgl. ebd.). Dieser allgemein gefassten Berücksichtigung von Schülerinteressen setzt Hilbert Meyer die Unterscheidung von subjektiven und objektiven Schülerinteressen entgegen. Subjektive Schülerinteressen sind demnach situationsspezifische und persönliche Bedürfnisse, Vorstellungen und Phantasien zum Unterricht, während die objektiven Schülerinteressen stets situationsunspezifische und überindividuell gültige Handlungsmotive und Bedürfnisstrukturen darstellen(vgl. Korbmacher 1992). Die konsequente Ausrichtung des Unterrichts an den oft zufälligen subjektiven Schülerinteressen würde demnach zum Zusammenbruch des Unterrichts führen, während ein rein an den objektiven Schülerinteressen ausgerichteter Unterricht ein Legitimationsproblem aufweisen würde. Meyer empfiehlt daher bei den subjektiven Interessen anzusetzen, um den Bewusstseinsstand der Schülerinnen und Schüler zu berühren und damit selbstbestimmte Lernprozesse einzuleiten. Einen Ausgleich beider Typen von Schülerinteressen zu finden ist nach Meyer notwendig, um das

Lernen im Unterricht als Hilfe für die Lebenspraxis zu verstehen, statt als Mittel zur Produktion von Prüfungswissen(vgl. ebd.). Inwiefern Schülerinteressen von dem Themenbereich „Kalter Krieg" und „Bundesrepublik Deutschland als Kind des Kalten Krieges" berührt werden, wurde in Folge der Erläuterung der Analyseschritte nach Klafki bereits ausgeführt. Es hat sich gezeigt, dass die Lebenswelt der Schülerinnen und Schüler hierdurch in vielfältiger Weise berührt wird und das Interesse, sollte es nicht bewusst vorhanden sein, durch die Beschäftigung mit der Thematik geweckt werden kann.

4.3 Die methodenorientierte Politikdidaktik

Es zeigt sich, dass die zugrundeliegende Thematik der Bundesrepublik Deutschland als Kind des Kalten Krieges auch didaktisch einen umfassenden und komplexen Gegenstand darstellt. Es soll nun ein Aspekt des vorgestellten Themenkomplexes herausgegriffen werden, der sich anhand der didaktischen Analyse besonders für die Thematisierung im Unterricht eignet. Durch die methodenorientierte Politikdidaktik soll sodann eine Möglichkeit aufgezeigt werden, mit der auf Seiten der Schülerinnen und Schüler ein Bewusstsein dafür geschaffen werden kann, inwiefern die Bundesrepublik Deutschland ein Kind des Kalten Krieges ist. Die Eignung der aktuellen Flüchtlingskrise als Schlüsselproblem der Bundesrepublik Deutschland, dessen Ursachen in vielfacher Hinsicht in den Begebenheiten des Kalten Krieges zu verorten sind, soll im Folgenden argumentiert werden.

Die methodenorientierte Politikdidaktik hat als eine Theorie des politischen Unterrichts das Ziel, für das pädagogische Handeln realistische und konkrete Perspektiven aufzuzeigen. Sie vermittelt daher Handlungskompetenzen für die alltägliche Unterrichtsvorbereitung. Diese Kompetenzen umfassen Themenwahl, Sachanalyse und Unterrichtsplanung(vgl. Janssen 2015, S.6 f.). Auf Grund der Vielzahl von Themen, die sich für den Politikunterricht eigenen und der begrenzten Zeit, die dem staatlichen Politikunterricht zur Verfügung steht, empfiehlt es sich, die Themen planvoll und exemplarisch auszuwählen. Dies bedeutet, Themen der gleichen Struktur zugunsten exemplarischer Lehr- und Lernprozesse in Inhaltsbereiche zusammenzufassen(vgl. ebd., S.7). Die methodenorientierte Politikdidaktik unterscheidet dabei vier Inhaltsbereiche. „Politisch empörende Ereignisse", „Aktuelle politische Konflikte", „Politisch bedeutsame Institutionen und Organisationen" und den im Folgenden zentralen Inhaltsbereich „Schlüsselprobleme der Gesellschaft"(vgl. ebd., S.7 f.). Für jeden Inhaltsbereich bietet die methodenorientierte Politikdidaktik eine spezifische Analysemethode, die sich jeweils an Schlüsselfragen orientiert. Dies soll einer systematischen, kritischen und zügigen Vorgehensweise dienen. Für die konkrete Unterrichtsplanung sieht die methodenorientierte Politikdidaktik Planungsschritte vor, die jeweils auf den Analyseschritten aufbauen. Ziel der Planungsschritte ist eine klare Strukturierung der Lehr- und Lernwege. Durch die Methodenorientierung besteht auf Seitender Lernenden die Chance, sich Analysemethoden anzueignen und damit eine Kompetenz des eigenständigen Lernens zu erwerben(vgl. ebd., S.8).

Der vorgestellte Themenkomplex „Die Bundesrepublik Deutschland als Kind des Kalten Krieges" soll nun, wie bereits erwähnt, anhand eines gesellschaftlichen Schlüsselproblems Eingang in den Unterricht finden. Die Wahl eines solchen Schlüsselproblems orientiert sich dabei wiederum an Klafki. Dieser stellt Schlüsselprobleme, mit denen sich alle Mitglieder einer demokratischen Gesellschaft auseinandersetzen sollen, ins Zentrum seines Vorschlags zur Bestimmung der Inhalte und Gegenstände von Allgemeinbildung(vgl. Koller 2012, S.108).

4.3.1. Themenwahl

Um aus der großen Anzahl möglicher Themen für den Politikunterricht einen konkreten Gegenstand auszuwählen, bietet die methodenorientierte Politikdidaktik bestimmte Auswahlkriterien zur Themenfindung. Zunächst ist die grundsätzliche exemplarische Berücksichtigung aller Inhaltsbereiche im Rahmen der Jahresplanung fundamental. Die Inhaltsbereiche sollen außerdem anhand konkreter politischer Themen bearbeitet werden. Hiermit soll gewährleistet werden, dass die Vielfalt des Politischen ausreichend beachtet wird. Damit wird zugleich der Reduktion auf institutionenkundliche und konfliktpädagogische Ansätze entgegengewirkt, die in einem Großteil der Lehrbücher und didaktischen Konzeptionen praktiziert wird(vgl. Janssen 2015, S.15). Als zweites Auswahlkriterium gilt die Berücksichtigung der Schülerinteressen, da die Erfolgsaussichten des Unterrichts mit dem Interesse der Lernenden am Thema steigen. Sollten mehrere Themen gleichberechtigt erscheinen, so gilt es dem aktuellsten Thema den Vorzug zu geben, da hiermit die unterrichtliche Vielfalt durch aktuelle Berichterstattung gesteigert werden kann(vgl. ebd., S.15 f.).

Es gilt nun aufzuzeigen, inwiefern sich das gewählte Thema anhand dieser Kategorisierung rechtfertigen lässt. Die aktuelle Flüchtlingskrise kann zunächst als Musterbeispiel eines gesellschaftlichen Schlüsselproblems angesehen werden. Damit ist die erste Kategorie erfüllt, da die exemplarische Berücksichtigung eines Inhaltsbereichs mustergültig erfüllt wird. Das Interesse der Schüler zu wecken, kann gerade im Politikunterricht eine besonders schwierigen Aufgabe darstellen. Im Fall der aktuellen Flüchtlingsproblematik dürfte jedoch ein natürliches Interesse auf Seiten der Schülerinnen und Schüler bestehen. Dies lässt sich mit den Integrationsklassen für schulpflichtige Flüchtlinge erklären, die derzeit derzeit überall in der Bundesrepublik entstehen, vorzugsweise in Regelschulen(vgl. Janker 2015). Die Schülerinnen und Schüler sind daher direkt mit dem Flüchtlingsstrom konfrontiert und dürften sich die Frage stellen, woher die neuen Mitschüler kommen und warum sie nachDeutschland gekommen sind. Der Grundsatz der Aktualität ergibt sich durch die derzeit tägliche Berichterstattung zu Flüchtlingsströmen, überfüllter Erstaufnahmelager und Bootsunglücke auf dem Mittelmeer. In dieser Hinsicht kann die aktuelle Flüchtlingskrise als Musterbeispiel eines gesellschaftlichen Schlüsselproblems in der methodenorientierten Politikdidaktik angesehen werden. Im nächsten Schritt gilt es, den Zusammenhang mit dem Themenfeld „Die Bundesrepublik Deutschland als Kind des Kalten Krieges" herzustellen. Dies erfolgt über die Analyse- und Planungsschritte für den Unterricht.

4.3.2 Die aktuelle Flüchtlingskrise als Schlüsselproblem der Gesellschaft

Als Schlüsselprobleme der Gesellschaft werden in der methodenorientierten Politikdidaktik konkrete und zentrale gesellschaftliche Missstände bezeichnet, die Millionen von Menschen in vielen Staaten schädigen. Als Beispiele neben Flüchtlingen nennt Bernd Janssen dabei außerdem Gewalt gegen Ausländer, Obdachlosigkeit und Hunger in der dritten Welt. Diese Faktoren spielen zudem in der aktuellen Flüchtlingskrise eine mehr oder weniger direkte Rolle. Doch auch im Hinblick auf die Umwelt können gesellschaftliche Probleme auftreten, etwa in Form des Ozonlochs oder der Verschmutzung der Meere(vgl. Janssen 2015, S.29). Die mit gesellschaftlichen Schlüsselproblemen einhergehende Aktualität zeichnet sich durch Langlebigkeit aus, da derartige Probleme nicht von heute auf morgen verschwinden, sondern langfristige Herausforderungen mit einen langwierigen Lösungsprozess darstellen(vgl. ebd.). Gesellschaftliche Schlüsselprobleme zeichnen sich in der Realität durch eine vielschichtige Betroffenheit einer großen Menge Menschen aus; auch in der Lerngruppe sollten Spuren der Betroffenheit zu finden sein. Dies wurde durch die Einrichtung flächendeckender Integrationsklassen bereits ausgeführt. Sollte die tagesaktuelle Berichterstattung in den Medien und der Diskurs in den sozialen Netzwerken die Schülerinnen und Schülern tatsächlich nicht erreichen, so ist die Wahrscheinlichkeit hoch, dass die Kinder zumindest in einen rudimentären Kontakt mit Flüchtlingen kommen, sei es durch die Schule oder durch Flüchtlingsheime in der Nachbarschaft. Durch die Betroffenheit sind die Voraussetzungen günstig, die Schülerinnen und Schüler für das Thema zu motivieren. Die Thematisierung des Flüchtlingsstroms nach Deutschland bietet sich folglich an, um einige Unterrichtsstunden damit zu füllen. Janssen hält dabei den Umfang von 5-12 Stunden für sinnvoll, wobei ein Thema nicht länger als sechs Wochen behandelt werden sollte(vgl. ebd., S.30).

4.3.2.1 Methoden zur Analyse von Schlüsselproblemen der Gesellschaft

Bernd Janssen stellt der tatsächlichen Unterrichtsplanung zunächst eine Sachanalyse der Thematik voran, um ein höheres Maß an Planungssicherheit zu erhalten. Die Analyseschritte sind dabei an den letztlichen Planungsschritten für den Unterricht orientiert. Im ersten Analyseschritt stellt sich zunächst die Frage, in welchem Umfang und in welchen Formen das vorliegende Problem besteht und wie die betroffenen Personen die Situation erleben. Hierzu sind allgemeine statistische Angaben hilfreich, um einen genauen Eindruck von dem thematisierten Schlüsselproblem zu erhalten. Um zu verhindern, dass mit den bloßen Fakten eine „falsche Sachlichkeit" einkehrt, werden auch die Betroffenen in das Zentrum des Bewusstseins gerückt. Hierbei soll ein Eindruck von den materiellen und gesundheitlichen Schäden entstehen, mit denen die vom Problem betroffenen Menschen konfrontiert werden(vgl. ebd., S.30 f.). Für den konkreten Fall der Flüchtlingskrise bedeutet dies für die Lehrperson, Zahlen und Fakten seriöser und unabhängiger Quellen zusammenzustellen und möglicherweise auch bewusst falsche oder missinterpretierte Zahlen aus dem rechten Spektrum zu entkräften. Allerdings dürfen auf der anderen Seite keine Fakten oder Zahlen unterschlagen werden, die sozialromantischen Vorstellungen entgegentreten. Persönliche Schicksale lassen sich möglicherweise durch Flüchtlinge aus der Klasse lebendiger und anschaulicher gestalten als durch Zeitungsartikel und Reportagen. Jedoch sollte dies dringend mit den betreffenden Schülerinnen und Schülern abgesprochen werden, um traumatische Erlebnisse nicht vor der Klassengemeinschaft ungewollt wieder aufleben zu lassen.

Im zweiten Analyseschritt stehen die negativen Auswirkungen des Problems für den Einzelnen und die Gesellschaft insgesamt im Fokus der Betrachtungen. Im Hinblick auf die Konzentration auf Einzelschicksale entsteht zwischen dem ersten und dem zweiten Analyseschritt ein fließender Übergang. Klarer abgegrenzt sind im zweiten Schritt jedoch die negativen Auswirkungen für die „Täter", sollten diese bestimmbar sein und für die Gesellschaft als Ganzes. Zudem wird zwischen negativen Auswirkungen unterschieden, die bereits eingetroffen sind und solchen, die noch bevorstehen. Hier lassen sich beispielsweise Auswirkungen sozialer, ökonomischer und politischer Art unterscheiden(vgl. ebd., S.31). In diesem Schritt wird der Betrachtung des Sachverhaltes „Die Bundesrepublik als Kind des Kalten Krieges" bereits vorausgegriffen, da in diesem Schritt die Folgen der Fluchtursachen aufgezählt werden, die zum Großteil im Kalten Krieg zu verorten sind. Wenn die Lerngruppe folglich die Fluchtursachen im nächsten Schritt erarbeitet, so kann das bereits vorhandene Wissen damit verknüpft werden. Hierdurch kann bestenfalls ganz automatisch eine Vorstellung vom Einfluss der Zeit des Kalten Krieges auf die Bundesrepublik entstehen. Sollten hierbei Schwierigkeiten auftreten, kann im Planungsschritt „Rückblick und Ausblick" erneut darauf eingegangen werden, um das Verständnis zu vertiefen.

Entscheidend für das eigentliche Thema „Die Bundesrepublik Deutschland als Kind des Kalten Krieges", für das die Thematisierung der Flüchtlingskrise als Aufhänger dient, ist somit der dritte Analyseschritt. Hierbei geht es um die vordergründigen Erklärungsangebote und gesellschaftlichen Ursachen, auf die das Problem grundlegend zurückzuführen ist. Hierbei werden die Gründe für das Entstehen des gesellschaftlichen Schlüsselproblems aufgearbeitet. Dabei ist es außerdem zentraler Bestandteil der Analyse, Vorurteilen vorzugreifen und diese zu entkräften, etwa wenn die Betroffenen des Problems unberechtigterweise selbst für dieses verantwortlich gemacht werden. Die Suche nach rationalen Gegenargumenten ist bei der Vorbereitung der Lehrperson entscheidend(vgl. ebd.). Für die Flüchtlingskrise bedeutet dies vor allem, die Fluchtursachen genau zu beleuchten und damit zentrale Ereignisse des Kalten Krieges aufzuarbeiten. Beispielsweise muss die Afghanistan-Intervention der Sowjetunion und die Unterstützung der Al-Quaida durch die USA Beachtung finden und die Entstehung des IS als Fluchtursache und direkte Folge des Kalten Krieges aufgearbeitet werden. Es lässt sich hiermit die Langzeitwirkung des Kalten Krieges aufzeigen und gleichzeitig den Vorurteilen vorgreifen, die Flüchtlinge würden nur in das deutsche Sozialsystem einwandern wollen oder die Flüchtlinge wollten auf deutschem Boden einen Gottesstaat errichten. So können die Schülerinnen und Schüler beispielsweise mit der Frage konfrontiert werden, ob es realistisch erscheint, dass Flüchtlinge die vor einem Gottesstaat fliehen, einen Gottesstaat errichten wollen.

Der vierte Analyseschritt befasst sich letztlich mit den politischen Maßnahmen und Entscheidungen, die die Lehrperson für geeignet hält, um individuell zu helfen. Außerdem geht es um politische Ideen, die geeignet sein könnten, um die gesellschaftlichen Hintergründe des Problems zu beeinflussen. Nachdem sich die Lehrperson mit der Frage auseinandersetzt, wie den Betroffenen bei ihrem Problem geholfen werden kann, stellt sich auch die Frage nach der grundlegenden Überwindung der Prozesse und Konstellationen, die zu dem gesellschaftlichen Schlüsselproblem führen. Es ist dabei angeraten, nicht zu utopischen Endzeitlösungen zu tendieren, da sich letztendlich gefragt werden muss, ob eine Welt ohne beispielsweise Terrorismus, Arbeitslosigkeit oder Kindesmisshandlung möglich ist. In diesem Sinne hängt von der Erarbeitung von Lösungen für das gesellschaftliche Schlüsselproblem auch die Glaubwürdigkeit der Lehrperson ab(vgl. ebd., S.32). Da es sich bei der Flüchtlingskrise um eine Spätfolge des Kalten Krieges handelt, kann bei der Überwindung der gesellschaftliche Hintergründe des Problems zwar nicht mehr direkt die Ursache des Problems bekämpft werden, jedoch können Waffenlieferungen, Unterstützungen der jeweils am harmlosesten erscheinenden Konfliktpartei, etwa im Nahen Osten und im Hinblick auf den Welthunger auch auf das Wirtschaftssystem des Westens als Fluchtursache eingegangen werden. Zugleich ist erneut ein Blick auf den Kalten Krieg möglich und auf die mögliche Zuspitzung eines „neuen Kalten Krieges" zwischen den USA und Russland. Hierbei stünde erneut Syrien im Fokus, wo derzeit sowohl die USA als auch Russland im Bürgerkrieg intervenieren. Die Erarbeitung von politischen Maßnahmen und Entscheidungen orientiert sich dabei eher am Umgang mit der Flüchtlingskrise in Deutschland, beispielsweise mit den Möglichkeiten der humanitären Versorgung in Auffanglagern, Themen wie der Residenzpflicht, Abschiebungen, Integration von Flüchtlingen mit Bleiberecht und vielen gesellschaftlichen und politischen Aspekten, die mit der Flüchtlingskrise einhergehen.

4.3.2.2 Die Strukturierung von Lehr- und Lernwegen zu Schlüsselproblemen der Gesellschaft

Da sich die Schritte für die konkrete Unterrichtsplanung unmittelbar an den Analyseschritten für die Lehrperson orientieren, treten hierbei starke Ähnlichkeiten auf. Jeder Schritt zur Strukturierung des Unterrichts untersteht dabei einer Leitfrage, an der sich das konkrete unterrichtliche Handeln orientiert. Im ersten Planungsschritt wird die Problemsituation beschrieben. Außerdem sollen sich die Schülerinnen und Schüler in das Problem einfühlen. Die Frage danach, in welchen Formen und in welchem Umfang das Problem besteht, ist dabei zentral, zudem die Frage nach dem Erleben der Betroffenen in der Situation(vgl. ebd., S.33). Die Lehrkraft führt in diesem Schritt somit die Schülerinnen und Schüler an die im ersten Analyseschritt gesammelten Informationen heran und bietet der Lerngruppe einen Reflexionsraum oder präsentiert ein persönliches Schicksal, in dem beziehungsweise durch das „Betroffensein" vom gesellschaftliche Schlüsselproblem nachempfunden werden kann. Konkret bedeutet dies, dass die Lerngruppe mit der Problemsituation der Flüchtlingskrise konfrontiert wird. Zahlen zu sich bereits in Deutschland befindenden Flüchtlingen werden Zahlen zur erwarteten Gesamtzahl gegenübergestellt. Die angespannten Situationen in überfüllten Auffanglagern werden erläutert und möglicherweise durch ein persönliches Schicksal greifbarer gemacht, sodass den Schülerinnen und Schülern die Einfühlung in die Problematik leichter gemacht wird. Hierüber lässt sich gleichsam wie bei den Analyseschritten ein fließender Übergang zum zweiten Planungsschritt herstellen, in dem die Folgen eingeschätzt werden. Die Leitfrage dieses Schrittes orientiert sich an den negativen Auswirkungen des Problems für den Einzelnen und die Gesellschaft(vgl. ebd.). Die Orientierung an persönlichen Schicksalen in der Flüchtlingskrise bietet sich an, da sich das Problem weniger abstrakt darstellt. Neben den Folgen für die Flüchtlinge lassen sich auch die Folgen für die Gesellschaft wie steigende Kriminalität durch Brandanschläge, das Erstarken rechter Parteien, angekündigte Steuererhöhen und Schwierigkeiten bei der Integration ansprechen. Im dritten Schritt der Unterrichtsplanung werden die Hintergründe des gesellschaftlichen Schlüsselproblems erarbeitet. In der Leitfrage sind die gesellschaftlichen Ursachen zentral, auf die das Problem zurückzuführen ist. Außerdem stehen Erklärungsangebote für die Entstehung des Problems im Vordergrund(vgl. ebd.). Dieser Schritt ist somit zentral für die Vermittlung des Themengebietes „Die Bundesrepublik Deutschland als Kind des Kalten Krieges". Die Schülerinnen und Schüler werden hierbei mit den im Kalten Krieg verorteten Fluchtursachen konfrontiert und registrieren den Einfluss, den diese weltpolitischen Konstellation auf die Menschen in der Bundesrepublik und an vielen anderen Orten der Welt ausgeübt hat.

Der vierte Planungsschritt entspricht dem letzten Schritt der vorhergehenden Sachanalyse. Hierbei werden politische Lösungsansätze gesucht und geprüft. Die Leitfrage, mit der sich die Schülerinnen und Schüler hierbei auseinandersetzen, befasst sich mit der Auswahl von politischen Maßnahmen und Entscheidungen, die sie für geeignet halten, um individuell zu helfen und welche politischen Ideen geeignet sein könnten, um die gesellschaftlichen Hintergründe des Problems zu beeinflussen(vgl. ebd.). Ziel ist es im konkreten Beispiel wohl nicht, dass die Schülerinnen und Schüler fertige Lösungen für die Flüchtlingskrise präsentieren. Jedoch sollte es das Ziel sein, nachdem bereits die Fluchtursachen bearbeitet wurden, dass die Lösungsansätze der Kinder eher an der grundsätzlichen Beseitigung dieser Fluchtursachen ansetzen, statt von populistischen Phrasen beeinflusst zu werden. Ein reflektierter, weitsichtiger Umgang mit der Thematik zeigt sich in diesem Sinne eher in einem Lösungsvorschlag, der die Beendigung der Kampfhandlungen in Syrien favorisiert, statt in der Abschiebung sämtlicher Flüchtlinge, um die momentane Problemsituation in der Bundesrepublik zu beheben. Für den Unterricht kommt ein vierter Planungsschritt hinzu, der sich nicht an den zuvor ausgeführten Analyseschritten orientiert. Hierbei geht es um einen Rückblick und Ausblick, wobei hier gefragt werden muss, welche Anlässe es für einen Rückblick auf den Lernprozess gibt und welche Folgen sich für den weiteren Unterricht ergeben(vgl. ebd.). In diesem Schritt kann ganz konkret noch einmal auf die im dritten Schritt erarbeiteten Wurzeln der Flüchtlingsproblematik im Kalten Krieg eingegangen werden. Hierbei können letzte Unklarheiten ausgeräumt werden und eine Reflexion des Gelernten stattfinden. Im Ausblick auf die Folgen für den Unterricht kann das Thema ebenfalls erneut aufgegriffen werden, um in künftigen Themenbereichen bereits ein Bewusstsein für das Spannungsverhältnis zwischen Ost und West und seinen Einfluss auf die Weltpolitik geschaffen zu haben. Es ist möglich, dass durch die vorgestellte Methode der Eindruck entsteht, dass der Gegenstand „Die Bundesrepublik als Kind des Kalten Krieges" nur peripher oder gar unzureichend an die Schülerinnen und Schüler herangetragen wird. Dem ist jedoch die Gewichtung der vorgestellten Analyse und Planungsschritte entgegenzusetzen. Bernd Janssen erachtet die Schritte eins, drei und vier als die Schwerpunkte der jeweiligen Unterrichtseinheiten(vgl. ebd., S.34.). Beruft man sich dabei auf den zuvor erwähnten Umfang einer Unterrichtseinheit von bis zu 12 Stunden, so lassen sich für die Aufarbeitung des vorliegenden Themenfeldes gut eineinhalb bis zwei Doppelstunden aufwenden, in denen die im Kalten Krieg verwurzelten Fluchtursachen, die im Vorhergehenden bereits erörtert wurden, gründlich thematisiert werden können. Zudem ergeben sich die konkreten Teilthemen und Lernziele der beabsichtigen Unterrichtseinheit vor allem aus der Anwendung der Schritte auf das jeweilige Schlüsselproblem. Die Gewichtung kann dabei also individuell vorgenommen werden, um gewisse Aspekte verstärkt hervorzuheben(vgl. ebd.). Des Weiteren liegt der eigentliche Nutzen der methodenorientierten Politikdidaktik vor allem in der Vermittlung von methodischen Kompetenzen zur Analyse von gesellschaftlichen Schlüsselproblemen. Hiermit lernen die Schülerinnen und Schüler „das Lernen" und sind demnach mit dem notwendigen Handwerkszeug ausgestattet, um sich eigenständig und selbstgesteuert Wissen anzueignen(vgl. ebd., S.35). In dieser Hinsicht kann mit dem richtigen Bewusstsein für die Relevanz des Kalten Krieges für politische und gesellschaftliche Entwicklungen auf der ganzen Welt der Grundstein für vertieftes und „gewinnbringendes" Lernen gelegt werden. Indem ein aktuelles gesellschaftliches Schlüsselproblem als Aufhänger verwendet wird, um das vorliegende Themenfeld „Die Bundesrepublik als Kind des Kalten Krieges" anzuschneiden, wird trotz scheinbar nur oberflächlicher Beschäftigung ein Fundament für ein vertieftes Verständnis geschaffen.

4.4 Allgemeine didaktische Reflexion

Es gilt zugegebenermaßen zu beachten, dass die eingangs vorgestellte Thematik der „Bundesrepublik als Kind des Kalten Krieges" im vorhergehenden Beispiel nur durch den Analyse- und Planungsschritt "Hintergründe erarbeiten" in den Horizont der Kinder gerückt wird. Es muss jedoch ebenfalls beachtet werden, dass sich durch die hohe Komplexität eine isolierte Betrachtung ohne die Herstellung eines aktuellen Bezugs mit hohem Interesse für die Lernenden wahrscheinlich als sehr schwierig erweist. Die didaktische Analyse hat dabei zuvor den großen Facettenreichtum des Themas demonstriert, sodass der Aufhänger Flüchtlingskrise nur eine von vielen Möglichkeiten darstellt, den Themenkomplex „Die Bundesrepublik Deutschland als Kind des Kalten Krieges" in den Politikunterricht einzubringen. Durch die Zentrierung der methodenorientierten Politikdidaktik auf den Kompetenzerwerb sind die Schülerinnen und Schüler im besten Fall in der Lage, sich selbstständig zum Thema zu informieren und die Nachwirkungen des Kalten Krieges in der Gesellschaft und der tagesaktuellen Politik zu entdecken. Außerdem kann während des Politikunterrichts im Rahmen unterschiedlicher Themen erneut auf den Themenkomplex eingegangen werden. Eine langfristige und in verschiedenen Kontexten präsentierte Thematisierung kann dabei durchaus den Lernerfolg steigern und die Chance erhöhen, dass auf Seiten der Lerngruppe ein höheres und vertieftes Verständnis dafür entsteht, inwiefern die Spannung zwischen West und Ost während des Kalten Krieges die Entstehung der Bundesrepublik Deutschland begünstigt hat, ihre Gesellschaft geprägt wurde und in welchen Lebensbereichen sie bis heute Wirkung zeigt. So bieten beispielsweise die kürzlich erfolgten Attentate des IS in Paris eine erneute Möglichkeit, anhand eines „politisch empörenden Ereignisses", mit der methodenorientierten Politikdidaktik, die Hintergründe der Entstehung des Islamischen Staates mit den Schülerinnen und Schülern aufzuarbeiten und damit den Kalten Krieg und seine Rolle für Europa anzusprechen. Ein fundiertes Hintergrundwissen und die Erkenntnis über weltpolitische Zusammenhänge können dabei vor voreiligen Schlüssen, Vorverurteilungen und vor der unreflektierten Akzeptanz absoluter und allgemeingültiger Lösungsansätze schützen. Es geht dabei im Analyseschritt zur Aufarbeitung der Vorgeschichte nicht um Entschuldigungen, sondern um Erklärungen(vgl. ebd., S.21). Der Umfang des gewählten Themas setzt auf Seiten der Lehrkräfte vor allem die Kompetenz voraus, das Thema angemessen didaktisch zu reduzieren. Es ist dabei von größter Wichtigkeit, Relevantes von weniger Relevantem zu trennen und die Informationen trotzdem zusammenhangsvoll zu präsentieren. Im Hinblick auf die im neuen Bildungsplan verankerte Kompetenzorientierung, die größtenteils als Folge des PISA-Schocks Einzug in die hiesige Didaktik fand, sollte bei jeglichem Thema auch die Frage gestellt werden, was die Schülerinnen und Schüler durch die Beschäftigung mit dem Thema wissen und können sollen. Bezogen auf das vorliegende Thema und seinen Umfang, verbunden mit der Tatsache, dass es sich dabei um wichtiges Hintergrundwissen handelt, welches dazu dient, aktuelle Zustände und neue Entwicklungen zu verstehen, sollte auch ein gewisses Maß an Selbstständigkeit vermittelt werden, mit dem durch eigene Recherche und Informationsbeschaffung das Wissen vertieft werden kann. Hierfür ist es zunächst notwendig, die Zusammenhänge zwischen dem Kalten Krieg und der aktuellen Politik ausreichend klar dazustellen und außerdem eine gewisse methodische Kompetenz zu vermitteln, durch die die Schülerinnen und Schüler in der Lage sind, sich anhand seriöser und unabhängiger Quellen selbstständig weiterzubilden.

5. Fazit

Die vorliegenden Ausführungen haben gezeigt, dass der Kalte Krieg als Epoche der Konfrontation zweier Systeme mit universellem Gültigkeitsanspruch einen Zeitabschnitt darstellt, der die weltpolitischen Entwicklungen seiner Zeit als rahmengebende Konstellation massiv geprägt hat. Auch seine Nachwirkungen sind dabei weitreichend und bedeutsam. Der Bundesrepublik Deutschland fällt dabei eine Sonderrolle zu. Denn nicht nur die Bundesrepublik ist durch den Kalten Krieg politisch und gesellschaftlich geprägt worden wie kaum ein anderes Land, sondern auch die Bundesrepublik Deutschland hat dabei Kalten Krieg weitreichend beeinflusst. Bei der Betrachtung der „Bundesrepublik als Kind des Kalten Krieges" ist dabei in der Anfangszeit der Marshallplan hervorzuheben, da die Konfliktlinie direkt durch das geteilte Deutschland verlief und die Gründung der Bundesrepublik als das direkte Resultat der Umsetzung des Marshallplans anzusehen ist. Umgekehrt verfestigte sich die Konfrontation unter anderem durch das Zerwürfnis der Alliierten bei der Deutschlandfrage. Die Wechselwirkung zwischen dem Kalten Krieg und der Bundesrepublik Deutschland tritt somit bereits zum Anfang der Konfrontation zutage. Die Einteilung der Chronologie des Kalten Krieges in Phasen offenbart seinen Grundcharakter besonders anschaulich. Denn trotz der wechselnden Phasen der Spannung und Entspannung zwischen dem Ost- und dem Westblock, in denen die Welt in unterschiedlich intensiver Angst vor einem Atomkrieg verweilte, blieb eine Erkenntnis konstant: Der Einsatz der gefürchteten Atombombe war zu keinem Zeitpunkt und von keiner Seite das Mittel der Wahl, um die eigene Position zu stärken. Diese Erkenntnis der Unbrauchbarkeit von Atomwaffen auf Grund ihrer Zerstörungskraft führte damit zu dem jahrelangen Zustand der Stabilität im Kalten Krieg, in dem die Sowjetunion nach und nach als notwendigerweise zu akzeptierendes Übel betrachtet wurde. Erst Ronald Reagan vertrat den Anspruch, diesen Zustand zu durchbrechen und die wirtschaftlich geschwächte Sowjetunion zu besiegen. Dass Reagan mit Michael Gorbatschow ein Reformer gegenüberstand, der nicht bereit war, den Zusammenhalt der Sowjetunion durch blutige Niederschlagung von Protestbewegungen zu sichern, begünstigte den Zerfall des Ostblocks und das Ende des Kalten Krieges. In Deutschland fand dieses Ende mit dem Fall der Mauer wiederum einen symbolischen Ausdruck. Während dieser Epoche wurde die Entwicklung der Bundesrepublik durch die weltpolitische Konstellation in vielerlei Hinsicht beeinflusst. Krisen und Kriege wirkten sich politisch und gesellschaftliche auf die junge Republik aus. Sei es die beschleunigte europäische Integration in Folge der Suezkrise oder der gesellschaftliche

Wertewandel in Folge der Protestbewegung gegen den Stellvertreterkrieg in Vietnam. Das Ende des Kalten Krieges mit dem Fall der Mauer bedeutete schließlich keinesfalls das Ende seines Einflusses auf die Bundesrepublik. Die Wiedervereinigung verlief dabei auch aufgrund der unterschiedlichen Sozialisationen der Bürgerinnen und Bürger der ehemaligen Staaten und der unterschiedlichen wirtschaftlichen und gesellschaftlichen Prägungen der beiden Systeme nicht reibungslos. Auf die Euphorie unmittelbar nach dem Mauerfall folgte recht bald eine tiefe Ernüchterung, die durch gesellschaftliche Probleme wie beispielsweise Arbeitslosigkeit ausdrückte. Mit der allgemeinen Enttäuschung ging der Anstieg rechtsextremer Gewalt einher. Dabei lassen sich zwischen der damaligen gesellschaftlichen Situation nach der Wiedervereinigung und der in der heutigen Flüchtlingskrise bemerkenswerte Parallelen feststellen. Wie die Bundesrepublik Deutschland ist auch die Weltpolitik bis heute vom Kalten Krieg geprägt. Die langfristige Wirkung des Kalten Krieges lässt sich durch die Betrachtung der momentanen Flüchtlingsproblematik als gesellschaftliches Schlüsselproblem, unter anderem der Bundesrepublik, deren Ursprung im Kalten Krieg liegt, besonders anschaulich und aktuell demonstrieren. Auch die Wurzel des IS, der mit seinen Anschlägen in Paris im Herbst 2015 für Angst und Schrecken in Europa gesorgt hat und aktuell für einen großen Teil der Flüchtlinge in Deutschland mitverantwortlich ist, liegt im Kalten Krieg. In didaktischer Hinsicht lassen sich über derartige politisch empörende Ereignisse oder gesellschaftliche Schlüsselproblem ein effektiver Zugang zum Thema herstellen. Es gilt jedoch zu beachten, dass durch die hohe Komplexität und Vielschichtigkeit der Thematik eine Vielzahl von Möglichkeiten gegeben ist, die Beeinflussung der Bundesrepublik durch den Kalten Krieg sowohl historisch als auch aktuell darzustellen. In jedem Fall ist die Thematisierung des Kalten Krieges wichtig, um Hintergrundinformationen zu aktuellen politischen und gesellschaftlichen Phänomenen und Ereignissen zu vermitteln und damit das allgemeine Verständnis und die Erkenntnis von Zusammenhängen zu fördern.

6. Literatur

Benz, Wolfgang: Kriegsziele der Alliierten. In: Informationen zur politischen Bildung Nr. 259/2005, S.4-8.

Benz, Wolfgang: Zwei Staatsgründungen auf deutschem Boden. In: Informationen zur politischen Bildung Nr. 259/2005, S.55-61.

Eschenhagen Wieland und Dr. Judt, Matthias: Chronik Deutschland 1949-2014. 65 Jahre deutsche Geschichte im Überblick. Lizenzausgabe für die Bundeszentrale für politische Bildung Bonn 2014.

Gaddis, John Lewis: Der Kalte Krieg. Eine neue Geschichte. 3. Auflage München 2008.

Görtemaker, Manfred und Hrdlicka Manuela R..: Das Ende des Ost-West-Konflikts? Die amerikanisch-sowjetischen Beziehungen von den Anfängen bis zur Gegenwart. Berlin 1990.

Herbst, Ludolf: Option für den Westen. Vom Marshallplan bis zum deutsch-französischen Vertrag. 2. Auflage München 1996.

Janssen, Bernd: Methodenorientierte Politikdidaktik. Analyse- und Planungsmethoden für Lehr- und Lernwege. 4. Auflage Schwalbach am Taunus 2015.

Kempe, Frederick: Berlin 1961: Kennedy, Chruschtschow und der gefährlichste Ort der Welt. Lizenzausgabe für die Bundeszentrale für politische Bildung Bonn 2011.

Koller, Hans-Christoph: Grundbegriffe, Theorien und Methoden der Erziehungswissenschaft. 6. Auflage Stuttgart 2012.

Nolte, Ernst: Deutschland und der Kalte Krieg. München 1974.

Pfetsch, Frank R.: Die Außenpolitik der Bundesrepublik Deutschland. Von Adenauer zu Merkel. 2. Auflage Schwalbach am Taunus 2012.

Rödder, Andreas: Deutschland einig Vaterland: Die Geschichte der Wiedervereinigung. Lizenzausgabe für die Bundeszentrale für politische Bildung Bonn 2010.

Steininger, Rolf: Die Kubakrise 1962. Dreizehn Tage am atomaren Abgrund. München 2011.

Stöver, Bernd: Der Kalte Krieg. 4. Auflage München 2012.

Internet:

Bilal, Ghiath (2015): Der „Islamische Staat": Interne Struktur und Strategie. URL: http://www.bpb.de/politik/extremismus/islamismus/202373/der-islamische-staat-interne-struktur-und-strategie?p=all (Stand: 6.11.2015 10:20 Uhr).

Bundeszentrale für politische Bildung (2014): 1989: Sowjetischer Abzug aus Afghanistan. URL: http://www.bpb.de/politik/hintergrund-aktuell/178868/1989-sowjetischer-abzug-aus-afghanistan-13-02-2014 (Stand: 6.11.2015 10:29 Uhr).

Der Spiegel (1958): Das Kind des Kalten Krieges. URL: http://www.spiegel.de/spiegel/print/d-41761247.html (Stand:25.11.2015 10:36 Uhr).

Der Spiegel (1990): Wieso kommen die noch?. URL: http://www.spiegel.de/spiegel/print/d-13507374.html (Stand: 21.11.2015 18:08 Uhr).

Deutscher Auslands-Depeschendienst GmbH (2011): Merkel sieht „gravierende Unterschiede" zwischen Ost und West. URL: http://www.handelsblatt.com/politik/international/21-jahre-deutsche-einheit-zahlen-bestaetigen-ost-west-gefaelle/4678998-2.html (Stand 21.11.2015 16:56 Uhr).

Diehl, Jörg und Reimann, Anna (2015): Anschläge von Paris: Attentäter und den Flüchtlingen – wie groß ist die Gefahr?. URL: http://www.spiegel.de/politik/ausland/terror-attentaeter-unter-den-fluechtlingen-wie-gross-ist-die-gefahr-a-1062905.html (Stand 21.11.2015 14:23 Uhr).

Graw, Ansgar u.a. (2015): Das unheimliche Comeback des Kalten Krieges. URL: m.welt.de/politik/ausland/article142814151/Das-unheimliche-Comeback-des-Kalten-Krieges.html (Stand: 21.11.2015 16:51 Uhr)

Hanewinkel, Vera (2014): Herkunftsländer von Flüchtlingen in Europa: Afghanistan und Pakistan. URL: http://www.bpb.de/gesellschaft/migration/newsletter/197926/herkunftslaender-afghanistan-und-pakistan (Stand 6.11.2015 10:30 Uhr).

Hellmann, Gunter (2015): Ein neuer Kalter Krieg? Russland, die NATO und der Regionalkonflikt in der Ukraine. URL: http://www.bmvg.de/portal/a/bmvg/!ut/p/c4/bU7BDoIwFPsiNpZoDN4keP

CqMYoX84DneGFs5PGAix_vOBgvtk0vbZrqh470MJMFoeDB6bsua9pXi
6r62aqR6ha5RZJxCI6EOgXeYhUEFSM0yM8_FZO8oJPA6BPkJSbIUcm
vqawLFTgaCXnyVt_WGw2qOniU1QW9UHTLEHfUEFjcmkwcR0VRo8
vUFHlq0i_MO7tmx0u22W2LU37WQ98fPkCk9b8!/ (Stand: 13.11.2015
15:11 Uhr).

Herbert Quandt-Stiftung (2012): Der Wert der Freiheit. URL:
http://www.herbert-quandt-
stif-
tung.de/pressemeldungen/pressemitteilung_allensbach_studie_freiheit_und
_buergerschaftliches_engagement (Stand 21.11.2015 11:45 Uhr).

Janker, Karin (2014): Zukunft auf dem Stundenplan. URL:
http://www.sueddeutsche.de/bildung/integration-junger-fluechtlinge-
zukunft-auf-dem-stundenplan-1.2193010 (Stand 21.11.2015 16:36 Uhr)

Jung, Thilo (2015): Vollständiges BPK- Transkript vom 17.Juni 2015. URL:
http://www.jungundnaiv.de/2015/06/17/bundesregierung-bpk-folge-vom-
17-juni-2015/ (Stand 21.11.2015 13:21 Uhr).

Klar, Herbert und Stoll, Ulrich (2015): Stationierung neuer US-Atomwaffen in
Deutschland. URL: http://www.zdf.de/frontal-21/stationierung-neuer-us-
atomwaffen-in-deutschland-russland-beklagt-verletzung-des-
atomwaffensperrvertrages-40197860.html (Stand 21.11.2015 12:58 Uhr).

Kolf, Florian (2015): Real-Markt wehrt sich gegen hetzerische Gerüchte. URL:
http://www.handelsblatt.com/unternehmen/handel-
konsumgueter/fluechtlinge-in-erfurt-real-markt-wehrt-sich-gegen-
hetzerische-geruechte/12325048.html (Stand: 21.11.2015 16:32 Uhr)

Korbmacher, Karlheinz (1992): Eine didaktische Konzeption handlungsorien-
tierten Lernens. URL: http://www.luk-
korbmacher.de/Schule/Buwi/texte/lernen/hand.htm (Stand: 12.11.2015
15:15 Uhr)

Kothe, Martina (2015): Kein neuer Kalter Krieg. URL:
https://www.ndr.de/kultur/Kein-neuer-Kalter-Krieg,journal132.html (Stand
13.11.2015 14:59 Uhr)

Leukefeld, Karin (o.J): Woher kommt ISIS?. URL: http://www.ag-
friedensforschung.de/regionen/Irak1/is-herkunft.html (Stand: 04.11.2015,
16:40 Uhr).

Lucke, Bernd (2015): Austritt aus der Alternative für Deutschland. URL: http://bernd-lucke.de/austritt-aus-der-alternative-fuer-deutschland/ (Stand: 21.11.2015 16:39 Uhr)

Maxwill, Peter (2015): 25 Jahre Deutsche Einheit: Kinder, Autos, Religion – der Ost-West Vergleich. URL: http://www.spiegel.de/politik/deutschland/wiedervereinigung-so-haben-sich-osten-und-westen-veraendert-a-1044749.html (Stand 21.11.2015 11:15 Uhr).

Mediendienst Integration (o.J.): Syrische Flüchtlinge. URL: http://mediendienst-integration.de/migration/flucht-asyl/syrische-fluechtlinge.html (Stand: 21.11.2015 15:08 Uhr).

Ministerium für Kultus, Jugend und Sport (2015a): Sekundarstufe I – Gemeinschaftskunde. URL: http://www.bildungsplaene-bw.de/,Lde/Startseite/de_a/a_sek1_GK (Stand 21.11.2015 16:12 Uhr)

Ministerium für Kultus, Jugend und Sport (2015b): 3.1.1.4 Zuwanderung nach Deutschland. URL: http://www.bildungsplaene-bw.de/,Lde/Startseite/de_a/a_sek1_GK_ik_7-9_01_04 (Stand 21.11.2015 16:12 Uhr).

Ministerium für Kultus, Jugend und Sport (2015c): 3.2.2.2 Die Europäische Union. URL: http://www.bildungsplaene-bw.de/,Lde/Startseite/de_a/a_sek1_GK_ik_10_02_02 (Stand 21.11.2015 16:12 Uhr).Oswald, Bernd (2010): Die Wohlstands-Spaltung. URL: http://www.sueddeutsche.de/politik/west-ost-gefaelle-die-wohlstands-spaltung-1.428404 (Stand 21.11.2015 16:12 Uhr).

Poutrus, Patrice G. u.a. (2002): Historische Ursachen der Fremdenfeindlichkeit in den neuen Bundesländern. URL: http://www.bpb.de/apuz/25428/historische-ursachen-der-fremdenfeindlichkeit-in-den-neuen-bundeslaendern?p=all (Stand 21.11.2015 11:19 Uhr).

Reimann, Anna (2015): Faktencheck: Ist der Osten fremdenfeindlicher als der Westen? URL: http://www.spiegel.de/politik/deutschland/ost-west-streit-faktencheck-zu-rassismus-a-1050637.html (Stand: 21.11.2015 10:34 Uhr)

Retzmann, Prof. Dr. Thomas (2009): Leitfaden zur Anfertigung eines Unterrichtsentwurfes. URL: http://www.wds-por-

tal.de/mfmedia_downloads/3/10/4317_Leitfaden_Unterrichtsentwurf__3__
01.pdf (Stand: 21.11.2015 16:31 Uhr).

Schart, Aaron (2007): Leitfragen der didaktischen Analyse (nach Klafki, Wolfgang). URL: https://www.uni-due.de/~gev020/courses/course-
stuff/didaktik-fragen.htm (Stand: 21.11.2015 16:28 Uhr).

Schmale, Holger (2009): „Die Insel der Glücklichen". URL:
http://www.berliner-zeitung.de/archiv/west-berlin-war-zu-zeiten-der-
teilung-etwas-besonderes---einwohner-bekamen-behelfsmaessige-
ausweise-und-durften-den-bundestag-nicht-waehlen--die-insel-der-
gluecklichen-,10810590,10641338.html (Stand 26.11.2015 17:10 Uhr)

Schwenn, Kerstin (2010): Aufbruch in die Einheit. URL:
http://www.faz.net/aktuell/wirtschaft/unterschiede-zwischen-west-und-ost-
aufbruch-in-die-einheit-1604519.html (Stand 21.11.2015 16:18 Uhr).

Seidel, A. und Alfter, G. (o.J.): Didaktische Analyse / Kritisch-konstruktive Didaktik. URL: http://lakk.sts-ghrf-
ruessels-
heim.bildung.hessen.de/modul/unterrichtsplanung_einfue/material/Didaktis
che_Analyse.pdf (Stand 21.11.2015 16:34 Uhr).

Steinberg, Guido (2011): Taliban. URL:
http://www.bpb.de/politik/extremismus/islamismus/36377/taliban?p=all
(Stand: 21.11.2015 16:38 Uhr).

Weiland, Severin (2015): Interkontinental-Raketen: Steinmeier kritisiert Putins
Raketenplan. URL: http://www.spiegel.de/politik/deutschland/neue-
atomraketen-steinmeier-nennt-plan-von-putin-unnoetig-a-1039260.html
(Stand 21.11.2015 11:33 Uhr).

Zicht, Wilko und Cantow, Matthias (2015): Sonntagsfrage Bundestagswahl.
URL: http://www.wahlrecht.de/umfragen/ (Stand: 11.11.2015 16:46 Uhr).